MÉLANIE DE JESUS DOS SANTOS

Le flip de la victoire

EN ROUTE VERS LE PODIUM !

ANNE KALICKY

MÉLANIE DE JESUS DOS SANTOS

Le flip de la victoire

Le Club
Michel Lafon

Ce récit est librement inspiré
de la vie de la gymnaste
Mélanie De Jesus Dos Santos

Le Club est une marque de Michel Lafon Jeunesse.

14, boulevard de la Madeleine
75008 Paris
www.michel-lafon.com

*Loi n° 49-956 du 16 juillet 1949 sur les publications destinées
à la jeunesse modifiée par la loi n° 2011-525 du 17 mai 2011.*

À toutes les graines de champions qui rêvent de monter sur la plus haute marche du podium.

1
La révélation

Certaines choses agacent parfois parce qu'elles ne peuvent pas attendre ! Depuis une bonne demi-heure, tantôt rampant par terre, tantôt hissée sur une chaise, Mélanie fouille dans son placard et s'impatiente.

– Où est-il ? Je l'avais rangé là, ronchonne-t-elle. C'est l'heure, ça va commencer !

Il fait chaud et la pauvre fillette transpire. On est au mois d'août et, même si c'est l'hivernage à Schœlcher, en Martinique, le temps est lourd et humide. Saison des pluies oblige dans les Caraïbes, il pleut presque continuellement malgré les températures qui peuvent atteindre 30 degrés. Dehors, les palmiers qui secouent leurs branches de temps à autre à travers la fenêtre semblent eux aussi souffrir de la moiteur ambiante.

– Ah, enfin, le voilà ! s'exclame-t-elle avec soulagement.

Elle extirpe du fin fond de son armoire un maillot de bain une-pièce blanc rayé rouge à bretelles volantées qu'elle s'empresse d'enfiler. Devant son miroir, elle noue ses cheveux avec un chouchou. Si seulement elle avait un peu de gel pailleté pour mieux les plaquer ! Puis elle se précipite dans le salon, déplace la table basse et pousse encore deux ou trois meubles.

– La télécommande, où est-ce qu'elle est ? Maman, elle est où la télécommande ? répète-t-elle en criant.

Chantal, sa mère, entre dans le salon et cherche derrière un coussin.

– Vite ! s'exclame Mélanie.

– Oui, oui, deux minutes ! Ne t'énerve pas comme ça. Tiens, la voilà !

Mélanie allume aussitôt la télévision et sélectionne la chaîne sportive.

Depuis le 13 août, depuis la cérémonie d'ouverture, elle ne rate pas une seule épreuve de gymnastique des jeux Olympiques qui se déroulent à Athènes, en Grèce, cette année. Ces JO tombent à pic pendant ses vacances d'été : les parents de Mélanie sont séparés et, cette année, la fillette n'a pas pu rejoindre son père Miguel et ses demi-sœurs qui vivent au Portugal. Cerise sur le gâteau, ses meilleures amies sont toutes parties. Même si sa mamie Abelle adorée a promis de lui raconter tous les contes créoles qu'elle connaît, Mélanie craignait de s'ennuyer terriblement. Il faut dire qu'elle a de l'énergie à revendre ! Elle bouge sans cesse, réalise des saltos naturellement et possède déjà une détente phénoménale. Un peu garçon manqué sur les bords, elle adore le sport, surtout le judo, le foot – comme son père, qui a pratiqué cette discipline –, le rugby, mais alors, jusqu'ici, surtout pas la danse ! La chorégraphie, c'est vraiment trop ennuyeux. Pourtant, ce mois d'août 2004 sonne comme une révélation.

Mélanie fixe l'écran en écoutant religieusement le commentateur qui souhaite bonne chance aux concurrentes. Mais surtout, elle pourrait passer des heures à admirer les gymnastes qui entrent, saluent, s'échauffent et se concentrent devant les agrès au son de la musique qui démarre. Elle les trouve tellement jolies avec leurs cheveux attachés en queue-de-cheval ou en chignon. Et aussi, elles sont si gracieuses quand elles se relèvent sur le tapis après l'enchaînement de leurs figures, se cambrent et qu'elles saluent les juges ainsi que la foule qui scande leurs prénoms.

Maintenant, Mélanie s'agite et saute dans tous les sens devant le téléviseur. Son maillot de bain est la tenue idéale : il imite à la perfection les justaucorps des gymnastes. Et elle-même tente de reproduire les figures qui défilent à l'écran. Du haut de ses quatre ans, elle commente :

– Double salto avant avec demi-vrille ! Triple salto arrière carpé ! Lâcher de barre !

Même si ses roulades sur le canapé, ses grands écarts ou ses roues sur le tapis sont encore un peu… approximatifs, la petite fille connaît déjà les noms des figures de gymnastique les plus dingues.

Depuis la cuisine, sa mère, qui autrefois a pratiqué l'athlétisme, l'observe et l'encourage en passant de temps en temps la tête dans le salon.

– Regarde-moi, maman ! crie Mélanie qui adore quand sa mère fait office de public.

– Oui ! Bravo ! C'est bien, ma fille ! applaudit-elle. Fais quand même attention à ne pas te blesser ! Euh… non, ne grimpe pas sur la table ! C'est dangereux !

Mélanie s'arrête, s'arc-boute et lève les bras en l'air pour saluer une foule invisible. Puis, à bout de souffle, elle s'assoit tranquillement en tailleur par terre en attendant l'entrée de Cătălina Ponor, leader de l'équipe de Roumanie. À dix-sept ans, cette jeune fille enchaîne les succès depuis le début de l'année : déjà trois médailles d'or au championnat d'Europe à Amsterdam. Mélanie a des étoiles plein les yeux en voyant la gymnaste faire son entrée, puis évoluer avec élégance sur la poutre comme un petit oiseau sur une branche. Quelques minutes plus tard, la note ne tarde pas à tomber :

– 9,787 pour Cătălina Ponor. Quelle performance ! Et c'est encore une médaille d'or pour le drapeau bleu, jaune, rouge ! s'écrie le commentateur sportif. C'est donc la deuxième médaille d'or que la jeune athlète rapportera en Roumanie après l'épreuve par équipes de ces JO !

Mélanie a toujours les yeux rivés sur l'écran et guette le podium : séparée par moins d'un dixième de point de ses deux concurrentes américaine et également roumaine, Cătălina monte sur la première marche, auréolée d'une couronne de laurier. Dans son justaucorps noir brillant, la jeune fille brandit le bouquet de fleurs qu'on vient de lui offrir et sa médaille qui luit sous les projecteurs.

Mais celle que préfère Mélanie, c'est Émilie Le Pennec, la Française. Elle n'a que seize ans et a déjà écrit l'histoire en remportant la médaille d'or aux barres asymétriques. Quelle émotion quand l'hymne tricolore a retenti au moment de la remise de la médaille ! Du haut de ses quatre ans, la fillette a déjà un rêve : monter elle aussi un jour sur le podium.

Émerveillée, elle soupire, puis compte maladroitement sur ses doigts.

– Dans dix ans, je serai comme elle ! se promet-elle.

2

Bienvenue au club !

– Nous sommes désolés, mais tous les cours sont complets.

Place de la Rive-droite de l'Anse Madame, agrippée à la main de sa mère, Mélanie ne cache pas sa déception et ne peut retenir ses larmes. Les jeux Olympiques d'Athènes se sont terminés le 29 août, la rentrée scolaire a eu lieu il y a une semaine et la fillette n'attendait qu'une chose : se rendre à la journée des associations sportives et culturelles pour s'inscrire à un cours de gymnastique artistique.

– Vraiment ? insiste Chantal. Si vous saviez comme ma fille a du talent ! Elle fait des flips et des saltos comme personne ! Il faut que vous l'acceptiez, vous ne le regretterez pas. Faites-lui faire un essai au moins.

– Navrée, madame, mais nous ne pouvons plus prendre d'élèves supplémentaires. Les effectifs sont pleins. Les jeux Olympiques ont visiblement fait naître des vocations, cet été. En revanche, nous pouvons la mettre sur liste d'attente. Et nous vous recontacterons dès qu'une place se sera libérée.

Chantal échange un regard avec Mélanie qui baisse les yeux d'un air résigné.

– D'accord, répond-elle.

– Formidable ! Remplissez ce formulaire, lui dit la responsable de l'association sportive de Schœlcher en tendant à Chantal une feuille de papier.

Une fois le document rempli, Mélanie et Chantal s'éloignent.

– Bon, on rentre à la maison ? demande Mélanie.

– Non, viens, on va se renseigner pour une autre activité, dit Chantal. C'est bien que tu fasses du sport, tu as besoin de te dépenser.

Au Judo Club Schœlcher, il reste encore une possibilité de s'inscrire à un cours d'éveil.

– Les cours reprennent mercredi prochain, de 19 h 30 à 21 h 30, précise le professeur.

Chantal hésite. Ces horaires, ça fait tard… mais finalement, elle se tourne une fois de plus vers sa fille.

– Alors, tu es partante ? Tu adorais le judo avant l'été, en plus.

– Mouais… répond mollement Mélanie. Moi, je voulais faire de la gymnastique artistique.

– Je sais bien, mais tu as entendu ? C'est complet. En attendant, tu peux essayer le judo et on verra après.

Le professeur, qui les écoute, ajoute :

– Je suis sûr que ça va te plaire. Et ce ne sera pas perdu, tu vas apprendre plein de choses : la souplesse, l'anticipation, la détente, la coordination, la vitesse de réaction… Toutes sortes de qualités qui te seront utiles dans bien d'autres sports.

Chantal sait aussi que le judo peut transmettre à sa fille d'autres valeurs importantes et chères à son cœur : le respect, la discipline, la générosité, l'engagement…

Plus raisonnable, Mélanie retrouve un peu le sourire.

– OK, je veux bien essayer.

– Super ! Mercredi, il te faudra un kimono et une ceinture blanche. On va bien s'amuser ! assure encore le professeur en lançant un clin d'œil à la fillette.

* * *

Le mercredi suivant, Mélanie fait son entrée sur les tatamis dans son petit judogi noué d'une ceinture blanche, la couleur qui correspond au neuvième kyu, grade des débutants. Cette fois, c'est Didier, son beau-père, qui l'accompagne. Professeur de génie civil, l'homme a épousé Chantal il y a quelques mois. Lui et Mélanie s'entendent à merveille et Didier ne rate pas lui non plus une occasion d'encourager la petite fille. C'est même lui qui, cet été, lui a appris à nager dans les eaux turquoise de l'océan Atlantique, à faire du vélo et à grimper aux arbres. Il adore l'emmener en balade sur son bateau et partir à la pêche au gros pendant des journées entières.

Des moments complices et précieux où tous les deux n'ont bien souvent pas besoin de se parler beaucoup pour se comprendre.

– Bienvenue, Mélanie ! Entre et rejoins les autres.

Didier pousse gentiment Mélanie vers le professeur de judo et les tapis, puis lui chuchote à l'oreille avant de s'éclipser :

– Je t'attends dehors. À tout à l'heure.

Le professeur se tient devant une rangée d'enfants assis à genoux par terre. Tous ont entre quatre et six ans.

– Nous allons apprendre à saluer le tapis à la japonaise. Mettez-vous debout et inclinez le corps vers l'avant.

Quelques élèves commencent à rire.

– Chut ! Ce cérémonial est à prendre au sérieux. Ce sont des preuves de politesse et de respect envers les autres et le lieu de notre pratique. Il est nécessaire de prendre cette habitude.

Redevenus plus sages, les enfants obéissent. C'est comme cela qu'ils devront faire en entrant dans la salle, à chaque cours.

– Bien ! Maintenant, mettez-vous à genoux pour saluer cette fois maître Kano. Est-ce que quelqu'un sait qui est maître Kano ? ajoute le professeur en désignant un portrait.

Sur un mur de la salle se dresse une grande photo en noir et blanc d'un vieil homme aux cheveux blancs, portant une moustache et vêtu d'un kimono noir.

Une petite fille agenouillée à côté de Mélanie lève le doigt.

– C'est le monsieur qui a créé le judo !

– C'est cela, bravo ! C'est le fondateur du judo. D'ailleurs, le judo est le premier art martial japonais à avoir obtenu une reconnaissance internationale, et le premier à avoir intégré les jeux Olympiques. Bon, vous êtes encore un peu jeunes pour savoir tout cela, mais c'est important. En résumé, au début de chaque cours, vous devrez saluer d'abord le tapis en entrant, puis le portrait de maître Kano et moi-même, votre professeur, en vous agenouillant.

Mélanie écoute attentivement l'enseignant tout en observant le portrait du coin de l'œil.

Maître Kano lui fait un peu peur. Son visage inspire à la fois sagesse et sévérité. Elle a l'impression qu'il la regarde. On est loin des justaucorps pailletés, des médailles d'or et des podiums qui émerveillaient tant Mélanie cet été ! La fillette sent un petit pincement au cœur.

Après le salut, le professeur démarre l'échauffement et enseigne quelques chutes arrière, latérales ou avant pour tomber sans se faire mal. Finalement, les deux heures de cours filent à toute vitesse. Les élèves et leur professeur font un dernier grand salut tous ensemble.

– Bravo, les enfants ! C'était très bien. Mercredi prochain, nous commencerons les premières techniques.

Malgré sa courte déception avant l'échauffement, Mélanie n'a pas vu le temps passer et retrouve Didier à la sortie. Il lui tend les bras.

– Alors, ma Nini, ce premier cours ? C'était comment ?

– Pas mal, ça va, j'ai plutôt aimé. Dis, tu connais maître Kano ?

– C'est ton professeur ?

– Non, c'est le monsieur qui a inventé le judo, explique Mélanie. Il y a une photo de lui dans la salle, je te la montrerai la semaine prochaine. Il n'a pas l'air très sympathique, il est trop sérieux.

Didier rit et tente de détendre Mélanie en la chatouillant. Mais au fond de lui, il sait que sa belle-fille, qu'il considère comme sa propre fille, ne se sent pas tellement dans son élément dans ce cours.

Je vais encore me renseigner pour qu'elle intègre un club de gymnastique artistique. Il doit bien y avoir un moyen pour qu'elle y ait sa place, se promet-il en allumant le contact de sa voiture et en jetant un regard à Mélanie à travers le rétroviseur.

* * *

Le week-end suivant, il est bien décidé à l'emmener au club La Gauloise de Trinité. C'est le plus proche, à moins de trente minutes de chez eux. Cette association omnisports propose de l'athlétisme, du badminton, du basket, entre autres, et surtout de la gymnastique. Mélanie assiste alors à un premier cours et démontre son talent précoce avec quelques figures ou… « éléments », comme on dit dans cette discipline. Didier le voit bien : les étoiles brillent à nouveau dans le regard de sa belle-fille. À la fin du cours, il lui demande d'attendre à l'extérieur de la salle pour s'entretenir avec la coach, Elsa Louis. Mélanie patiente en croisant les doigts, mais à la sortie, Didier reste silencieux.

– Alors ? demande la fillette, sautillante et ne tenant pas en place.

– Je ne sais pas. Apparemment, c'est complet. Le club nous rappelle la semaine prochaine. Mais au moins, ils ont vu de quoi tu étais capable !

Malgré les autres questions qui fusent, il refuse de lui en dire plus.

Quelques jours plus tard, le téléphone sonne. Didier décroche et s'isole. Mélanie a tout juste le temps de l'entendre dire :

– Oui, c'est moi-même. Oui ? Vraiment ? Quelle excellente nouvelle !

Puis une fois qu'il a raccroché, il revient et réunit Chantal et Mélanie dans le salon.

– Allez hop ! Venez ! On va rendre le kimono au magasin de sport. Mélanie a besoin d'un justaucorps et de chaussons.

– Comment ça ? demande Chantal, étonnée.

– Je viens d'avoir Elsa Louis au téléphone, l'entraîneuse de gymnastique artistique du club La Gauloise de Trinité. Tu sais, là où j'ai emmené Nini samedi dernier. Une place vient de se libérer et Mélanie est prise ! Elle va pouvoir commencer son entraînement mercredi prochain.

Hourra ! Mélanie n'en croit pas ses oreilles.

– Merci, Didier ! Merci, maman ! Je suis trop contente ! leur dit-elle en sautant à nouveau partout et en faisant des roues.

Certaines victoires méritent parfois qu'on les attende, mais, quand les étoiles sont bien alignées, quand le moment est venu, le destin se met en marche, les rêves peuvent se réaliser.

3

Un nouveau départ

Au club de La Trinité, Mélanie s'est fait plein de copines, comme Yenta, avec lesquelles elle crapahute sur les tapis et progresse peu à peu. Les années passent et la passion pour la gymnastique artistique ne s'éteint pas. Au contraire ! À bientôt douze ans, elle admire maintenant Youna Dufournet. Pour elle, c'est la meilleure ! Les photos de son idole sont placardées partout sur les murs de sa chambre. Il faut dire que la jeune fille talentueuse, de sept ans son aînée, a commencé la gymnastique à l'âge de dix-huit mois ! Depuis la baby gym, Youna accumule les récompenses : le bronze en saut de cheval au championnat du monde en 2009, le titre de vice-championne d'Europe sur ce même agrès en 2010 et celui de huitième mondiale aux barres asymétriques en 2011.

C'est tellement motivant que, dans son justaucorps rouge et blanc estampillé d'un coq, Mélanie ne rate jamais un entraînement aux côtés d'Elsa Louis. Sa coach a déjà décelé le potentiel de la jeune prodige. Deux ans après que la fillette a rejoint le club La Gauloise, Elsa l'a intégrée au groupe de performance du centre d'entraînement de Fort-de-France, le chef-lieu de l'île. Et Mélanie impressionne tous les techniciens de la Martinique. Alors, pourquoi s'arrêter en si bon chemin ?

Un jour, Elsa convoque Chantal et Didier à la sortie d'un cours :

– J'aimerais vous parler, leur dit-elle d'un ton très solennel. Nini est vraiment douée, elle sort complètement du lot. Elle a un talent fou. On devrait la faire passer à la vitesse supérieure.

– Comment ça ? demande Chantal.

– Eh bien, elle pourrait participer à des stages organisés par la fédération nationale, par exemple.

– Mauvaise idée... Non, je ne veux pas qu'elle rate l'école, répond catégoriquement Chantal.

– Pas d'inquiétude, ça se passera pendant les vacances. Mais si on ne lui permet pas de progresser, elle va stagner et passer à côté de sa chance. Il y a justement un stage lors des prochaines vacances de la Toussaint. Si vous êtes d'accord, je pourrais inscrire Mélanie ?

– Bon, alors oui, pourquoi pas.

– Je vous laisse un document qui vous donnera tous les détails. C'est un stage d'une semaine. Il y aura des élèves de La Gauloise, mais aussi de la métropole.

Chantal et Didier finissent par accepter. À l'idée de se perfectionner et de rencontrer d'autres jeunes athlètes, Mélanie est aux anges. Elle compte les jours avant les prochaines vacances.

* * *

Le matin du départ arrive enfin et c'est Didier qui la dépose. Au pied du car, il lui dit :

– Amuse-toi bien, ma Nini, et fais attention à toi. Ne va pas te fouler une cheville ou je ne sais quoi d'autre.

Mélanie sourit.

– Tu veux dire… comme cette fois où tu étais venu me chercher au centre aéré et que tu m'as retrouvée assise par terre, en pleurs et le menton en sang ?

– Oui, c'est ça. Tu m'as fichu une de ces frousses, ce jour-là ! J'ai dû t'emmener à l'hôpital pour la troisième fois. Résultat : cinq points de suture. Ne me refais plus jamais ça.

– Je sais, j'ai même cru que tu allais pleurer.

– Allez, file ! lui dit Didier qui sent à nouveau les larmes lui monter aux yeux. À ton retour, on ira à la pêche au gros.

– Chiche ! Embrasse encore maman et mamie Abelle.

Comme Chantal, Didier n'aime pas être trop longtemps séparé de sa belle-fille qu'il a adoptée. Mélanie imite le bruit du moulinet qui remonte la ligne de la canne à pêche avant de lui coller un énorme baiser sur la joue et de grimper dans le car.

Un programme de feu attend le groupe d'enfants : canyoning, plage des Salines, baignades, randonnée aux Anses-d'Arlet dans le sud de l'île et bien sûr… entraînement avec rondade double vrille en sortie de poutre pour l'un, rondade tendue pour les autres, de beaux tkatchevs[1] ou engagés dorsaux, tendu double avant au sol ! Pendant plusieurs jours, Mélanie est testée, observée, scrutée, même, et mise à rude épreuve.

Sur le blog du stage, Chantal et Didier ne se lassent pas de suivre les aventures de leur Nini chérie et de rire devant les poses prises par les jeunes athlètes sur les photos.

– Elle me manque, mais on a bien fait de l'envoyer là-bas, dit Chantal.

Au bout d'une semaine, de retour chez elle, Mélanie ne cesse de raconter à sa mère et à Didier tout ce qu'elle a fait pendant son stage.

---

1. Tkatchev : un élément de voltige qui s'effectue soit à la barre fixe, soit aux barres asymétriques, et baptisé ainsi d'après son premier utilisateur, Alexander Tkatchev. Après un élan en avant, le gymnaste lâche la barre et effectue un passage dorsal au-dessus de cette dernière, en même temps qu'un contre-mouvement du corps en position carpée, avec les jambes tendues, jointes ou écartées avant de se rattraper à la suspension.

– On a nagé avec les dauphins, on est allés au marché de Fort-de-France – ça sentait bon les épices ! –, on a eu un repas créole avec du jus exotique, des acras... Miam, on s'est régalés. Maman, tu pourras me faire des acras ? On a aussi fait du volley sur la plage, on est allés au rocher du Diamant – vous connaissez ? La vue était trop, trop belle ! Et on a terminé par une soirée de gala ! Une partie du groupe est repartie en France. On était tous super tristes de se quitter, mais on s'est promis de s'écrire souvent et de s'envoyer plein de messages !

– Eh ben ! ponctue Didier en riant. Tu en as profité, à ce que je vois. Je m'étonne que tu aies eu envie de rentrer à la maison.

– Euh... tu oublies la pêche au gros ? C'est moi qui vais attraper le plus énorme poisson du monde ! dit Mélanie à son beau-père.

– À ce propos, pendant que tu t'amusais avec les dauphins, j'ai fabriqué une canne à pêche rien que pour toi, mon poids plume préféré ! Elle est plus petite et plus légère.

– Trop bien ! Merciiiii ! Du coup, j'ai deux fois plus de chances de prendre un gros poisson. On y va quand ?

– D'abord, va défaire ta valise qui traîne depuis des jours dans ta chambre, et ensuite on verra.

Ces deux-là sont décidément très complices.

Ce stage a redoublé la motivation de Mélanie. Elle retrouve l'entraînement auprès d'Elsa Louis avec encore plus de plaisir et ce sentiment est réciproque. Sa coach est si douce, avec son grand sourire et son regard bienveillant.

– Il faut que je parle à tes parents, lui dit-elle un mercredi après-midi, après une séance.

– Pourquoi ? demande Mélanie, inquiète. Je suis nulle ? Je régresse ?

– Pfff, nooon, pas du tout ! Parce que… il faut que je te le dise : pendant ton stage, tu as été repérée.

– Comment ça ?

– La FFGym, tu sais, la fédération, propose que tu intègres le pôle France de Saint-Étienne.

– Waouh ! Mais… c'est où, Saint-Étienne ? demande encore Mélanie.

– Eh bien… En métropole. OK, c'est loin, mais ça vaut la peine. À douze ans, c'est une vraie chance pour toi, une chance qui ne se représentera pas tous les jours.

– C'est loin comment ?

– À près de 7 000 kilomètres et neuf heures d'avion.

– Ah.

– J'ai toujours su que tu irais loin. Je veux dire par « loin » que tu atteindrais les sommets en gymnastique artistique. Il faut y réfléchir sérieusement.

Malgré cette bonne nouvelle, Mélanie reste silencieuse. Elle ne sait pas trop quoi en penser. Sur le moment, son cœur balance, mais elle est née pour ça, la gymnastique. Même si jeune, elle le devine, elle n'a plus qu'un pas à faire pour se retrouver dans la cour des grands…

Et bientôt, en apprenant ça, sa mère et Didier ont eux aussi le cœur qui balance.

– C'est si rapide, si inattendu, réagit Chantal, angoissée à la perspective d'un départ lointain de sa fille.

– Je sais, ça fait beaucoup, répond Elsa. Mais c'est un vrai tournant pour elle si elle veut faire carrière. Bref, c'est une opportunité unique.

– Comment ça se passerait exactement ? demande Chantal, tendue.

– D'abord, Mélanie resterait licenciée en Martinique, c'est la condition que l'on peut poser à la Fédération française de gymnastique, avec l'accord de votre fille et le vôtre. Comme ça, si ça ne le faisait pas en métropole, elle pourrait revenir ici sans problème. Ensuite, tout sera pris en charge par la fédé. L'un de vous deux accompagnera Nini en France, tous frais payés. Elle sera logée dans une famille d'accueil et confiée à ses nouveaux entraîneurs. Ils s'appellent Éric et Monique Hagard. J'ai longuement parlé avec eux. Ils sont prêts à discuter avec vous autant que nécessaire et attendent Mélanie avec impatience dès qu'ils auront votre feu vert.

– Mais Nini est si jeune. Vivre seule, à douze ans, à des milliers de kilomètres de sa famille, de ses amis, de ses racines, de sa coach préférée… gémit Chantal.

– C'est vrai, mais c'est le lot de nombreux sportifs de haut niveau. Moi, j'ai confiance en Mélanie. Elle a un mental d'acier et les épaules assez solides pour démarrer cette nouvelle vie. Pour moi aussi, ce sera un crève-cœur, vous savez, poursuit Elsa. Depuis qu'elle a cinq ans, j'ai à cœur de lui enseigner tout ce que je sais, de lui donner le goût et le respect de son île, de lui transmettre des valeurs sportives. Et la voir partir va être une épreuve. Mais je sens aussi que je suis arrivée au bout de ce que je peux lui apporter. L'élève a dépassé le maître, en quelque sorte. C'est maintenant ou jamais. Sachez quand même que là-bas, elle ne sera pas seule, évidemment. Elle sera encadrée par sa famille d'accueil, un staff génial, et entourée d'autres jeunes athlètes hyper motivées comme elle.

– Bien. Nous allons y réfléchir et contacter Éric et Monique Hagard, répond sagement

Chantal. Il nous faut un maximum d'informations pour prendre notre décision.

Que sa fille quitte la Martinique, soit livrée à elle-même ou presque en métropole, confiée à des inconnus, la voir beaucoup moins souvent... Chantal est-elle prête à tout ça ? C'est en effet la décision la plus difficile qu'elle ait eu à prendre pour sa fille. Son cœur de mère se fend peu à peu sous l'émotion et la tristesse. Mais au fond, elle le sait, elle ne pourra pas la priver de son rêve de championne, ce serait trop égoïste de sa part. On veut toujours le meilleur et le bonheur pour son enfant, n'est-ce pas ? Et Didier est d'accord avec cela.

– Il va falloir laisser notre petit colibri quitter le nid et prendre son envol !

4

Le mal du pays

Été 2012. 5 h 30 du matin, aéroport international Martinique Aimé-Césaire. Chantal, Didier, mamie Abelle et Mélanie enregistrent les bagages et les regardent s'éloigner sur le tapis roulant.

– L'embarquement aura lieu dans trente minutes. Faites bon vol ! informe l'hôtesse en tendant à Didier et Mélanie leurs papiers d'identité et leurs cartes d'embarquement.

– Merci.

Tous deux s'éloignent du comptoir pour laisser la place aux autres passagers. Un grand silence chargé d'émotion les gagne.

– Je crois que c'est le moment de nous faire un gros câlin d'au revoir, ma Nini, finit par dire Chantal.

Il a été décidé que ce serait Didier qui accompagnerait Mélanie en métropole jusqu'au pôle France, à Saint-Étienne. Elle sera hébergée chez les Langlois, sa famille d'accueil, avant de retrouver quotidiennement ses nouveaux entraîneurs, le couple Hagard. La fillette de douze ans embrasse sa grand-mère qui pleure à chaudes larmes. Puis elle se jette dans les bras de sa mère et la serre fort. Chantal lui murmure encore mille recommandations à l'oreille, tandis qu'à l'écart Elsa Louis attend son tour. Elle aussi a tenu à être présente pour le départ de sa pupille.

– Viens, ma puce, que je t'embrasse, dit-elle. Et si on se faisait un selfie ?

– D'accord, répond Mélanie.

Sur la photo, la toute jeune athlète prend la pose en encadrant son visage dans ses mains et en faisant un grand sourire. Elle porte un polo blanc dont le col est bordé d'un liseré rouge, les couleurs du pôle France, un équipement qui lui a été envoyé il y a quelques jours à peine. Elle a perché ses petites lunettes de soleil aviateur, cerclées d'une monture rouge en plastique, sur son front. On devine dans ses yeux pétillants un mélange de trac et d'excitation. Avec toute l'innocence de l'enfance, elle semble se dire : « C'est fou, je pars ! J'ose à peine croire à ce qui m'attend. » À ses côtés, Elsa affiche elle aussi un grand sourire, malgré l'émotion de la séparation qui approche.

– C'est l'heure, dit Didier. Il faut y aller, ma Nini. Ce serait bête de rater l'avion, non ? Sauf si tu ne veux plus partir…

– Siiii ! s'exclame Mélanie.

Un dernier baiser et les voilà qui se dirigent vers les contrôles de bagages aux rayons X. Chantal, mamie Abelle et Elsa peuvent encore leur faire des coucous à travers les vitres, mais bientôt Didier et Mélanie disparaissent dans la salle d'embarquement.

– Comment tu te sens ? demande Didier, à peine assis sur un siège.

Il a sans doute plus d'appréhension que sa belle-fille à l'idée de sa future nouvelle vie.

– Ça va. J'aurais bien dormi plus longtemps ce matin.

– Pas d'inquiétude, on a neuf heures devant nous pour faire dodo, répond Didier en riant.

Embarquement immédiat. Bouclage de ceinture. Dernier coup d'œil à travers le hublot. Aller simple vers l'inconnu. Mélanie regarde la Martinique s'éloigner, le cœur serré. Quand la reverra-t-elle ? Pendant un long moment, beau-père et belle-fille restent silencieux, puis, pour détendre l'atmosphère, ils allument les écrans situés en face d'eux. Par chance, entre films, musique, plateaux-repas et siestes, le voyage en avion passe rapidement.

– Mesdames et messieurs, nous allons commencer notre descente vers l'aéroport Charles-de-Gaulle. Nous vous invitons à regagner vos sièges, et à vous assurer que vos bagages à main sont rangés dans les coffres ou sous le siège devant vous. À l'arrivée, un ciel dégagé et une température de 29 degrés. Je vous souhaite un agréable séjour dans la « Ville Lumière ».

– On est arrivés ! s'écrie Mélanie.

– Oui, enfin, presque. On est à Paris, pas encore à Saint-Étienne, rectifie Didier qui sourit devant l'impatience de la fillette.

Tous deux vont d'abord passer la nuit à Paris, puis ils prendront le train le lendemain pour rejoindre Saint-Étienne. Ce n'est que le surlendemain qu'ils retrouveront le pôle Gym. Mélanie ne pourra profiter de la capitale qu'à travers les vitres des taxis. Tant pis ! Elle jouera les touristes une autre fois.

Deux jours plus tard, les voici enfin devant les portes du pôle France Gym, un complexe moderne inauguré vingt ans plus tôt. À l'entrée des visiteurs, Mélanie et Didier sont immédiatement accueillis par un homme moustachu, aux cheveux grisonnants, presque blancs, talonné par son épouse, une femme souriante, à la chevelure brune et bouclée.

– Bonjour, monsieur Godeau, bonjour, Mélanie. Soyez les bienvenus ! s'exclame Éric Hagard en se présentant. Nous sommes si heureux de t'avoir parmi nous, jeune fille !

– Bonjour, je suis Monique. Enchantée !

– Bonjour à tous les deux, répond Didier tandis que Mélanie reste timidement en retrait derrière lui.

– Avez-vous fait bon voyage ? demande Monique.

– C'était long, comme vous pouvez l'imaginer, mais tout s'est bien passé, répond Didier en passant une main affectueuse sur la tête de Mélanie.

– Si vous êtes assez en forme, on vous propose de visiter le centre. Ça vous dit ? demande Éric.

– Ouiiii ! répond Mélanie avec enthousiasme.

La fillette a retrouvé sa langue et trépigne désormais d'impatience. Elle a hâte de découvrir son nouvel environnement. Après tout, elle n'a pas fait tout ce chemin pour rien !

– Bien, suivez-nous, poursuit Monique. Donc ici, c'est l'entrée des sportifs et des visiteurs. Juste à côté, il y a une salle d'attente. Nos bâtiments sont situés à l'intérieur du parc de l'Étivallière, à proximité du stade Geoffroy-Guichard.

– Le fameux « chaudron », ponctue Didier en précisant le surnom donné à ce stade.

– Exact, c'est le septième stade français en termes de capacité.

Éric et Monique les entraînent ensuite vers les salles de cours, de réception et de réunion, puis dans le réfectoire.

– C'est là que tu prendras tes repas avec les autres gymnastes, explique Monique. Allons voir maintenant la salle d'entraînement ; nous disposons aussi d'un espace de musculation et d'une salle de danse.

Depuis les gradins, Mélanie a les yeux qui brillent de joie en détaillant l'immense salle lumineuse jonchée de tapis et d'agrès. Pour l'instant, elle est vide, car toutes les élèves sont au collège et au lycée, et il règne un grand silence. Mais la fillette devine qu'habituellement ça résonne et ça grouille de jeunes athlètes qui cherchent l'équilibre sur la poutre, s'élancent pour les sauts, apprennent les chorégraphies, s'agrippent aux barres ou sautent sur des trampolines, guidées par les coachs. Didier pense en son for intérieur que Chantal et lui ne se sont pas trompés dans leur décision si difficile à prendre il y a encore quelques semaines. Mélanie chuchote à son oreille :

– C'est comme chez nous, mais en encore plus classe !

– Venez voir l'espace de récupération, dit Monique en les entraînant vers un bloc médical pour le suivi en kinésithérapie. À côté du bloc, comme vous pouvez le voir, nous avons un jacuzzi pour améliorer la détente musculaire et un bain froid à 10 degrés pour favoriser la récupération. Voilà, je crois que nous avons fait le tour. Comment trouves-tu tout cela, Mélanie ?

– Bien, super bien, répond la fillette avec un grand sourire.

– Bon, génial ! Tu sais, la route est encore longue, déclare Monique d'un ton un peu plus sérieux. Tu vas grandir, mentalement surtout, je veux dire. Tu vas apprendre à montrer l'exemple, obéir, rester modeste, travailler toujours plus dur avec comme objectif de tirer les autres vers le sommet. Alors, est-ce que tu te sens prête à tout donner ?

– Oui, absolument prête.

– Formidable ! Tu iras loin, alors ! répond Éric.

– Tu vas être comme un coq en pâte ici, ma Nini, ajoute Didier.

– Je pense aussi, ajoute Monique en adressant un clin d'œil à Mélanie. Suivez-moi dans nos bureaux, nous avons encore quelques papiers à remplir.

Didier et le couple d'entraîneurs règlent les dernières formalités.

– Tout est OK. Mélanie est officiellement admise chez nous, au pôle France Gym, dit Éric. Je sais, Didier, que vous avez un train en début d'après-midi qui vous ramène à Paris.

– Oui, et mon vol retour pour Fort-de-France est à 20 h 30. C'est un passage éclair en métropole.

– Alors, profitez bien de votre matinée, tous les deux. Mélanie, nous t'attendrons vers

14 heures pour ton premier entraînement. Je te présenterai aux autres filles, elles sont prévenues de ton arrivée et prêtes à te faire un bon accueil, tu verras. Puis on évaluera tranquillement ton niveau et nous ferons plus ample connaissance. Ensuite, on t'emmènera chez les Langlois, ta famille d'accueil. Ils t'attendent avec impatience, eux aussi, et ils sont très gentils. Didier, comme convenu, vous aurez régulièrement de nos nouvelles ainsi que de celle d'Estelle Langlois. Nous savons tous que les premiers temps ne seront pas faciles. L'environnement, nos cultures différentes, l'éloignement familial, le manque de repères, le choc climatique… Ça va être un gros changement pour Mélanie, mais soyez rassuré : nous ferons en sorte qu'elle soit parfaitement bien intégrée au groupe et qu'elle ne coupe jamais le lien avec vous. Notre projet est aussi le vôtre et inversement. On forme une équipe !

– Alors, je vous la confie, prenez-en bien soin, répond Didier en serrant longuement la main d'Éric, puis celle de Monique Hagard.

Didier et Mélanie décident ensuite d'aller se promener et de faire un tour au marché avant la grande séparation. Pour eux deux, c'est important de profiter de ce dernier moment ensemble, de découvrir la ville et de s'imprégner de son atmosphère. Devant les étals, ils dégustent des pommes et de cerises, des fruits que Mélanie n'a jamais goûtés. Un régal ! On dirait deux voraces qui n'ont rien mangé depuis plusieurs jours. Puis Didier ramène Mélanie vers 13 heures, juste avant son premier repas au réfectoire. Il s'est juré de ne pas craquer, mais il a déjà les yeux humides.

– Il est l'heure de nous dire au revoir, mon colibri, dit-il. C'est à toi de te donner à fond, maintenant.

– Je sais. Je vais faire le max !

– Tu vas me manquer terriblement, mais tu vas assurer, j'en suis sûr !

– Oui, tout va bien se passer, ne t'inquiète pas. Et puis, il y a le téléphone ou Skype, on pourra s'appeler souvent, tous les jours même. Occupe-toi bien de maman, aussi, et de mamie, même si elle raconte toujours les mêmes histoires, ajoute la fillette en riant.

Didier et Mélanie restent enlacés un long moment. Quel crève-cœur pour cet homme de laisser sa fille adoptive toute seule ! Mais hors de question de se tourmenter ou, pire encore, de faire machine arrière. D'ailleurs, le taxi qui l'emmène à la gare vient d'arriver. Didier monte à l'arrière et mime encore des baisers avant de fermer la portière. La voiture s'éloigne. À douze ans, Mélanie fait bonne figure et retient ses larmes. Elle veut rendre fières sa famille et son île natale. Elle doit désormais être autonome et s'assumer comme une grande. Mais même si dans ses valises elle a rapporté quelques mangues et dattes à partager avec les Langlois, ses coachs et ses futures coéquipières, le mal du pays s'installe peu à peu…

5

En équipe de France

Vers 13 h 30, Mélanie profite d'une courte pause après le déjeuner pour appeler sa mère. Avec les cinq heures de décalage horaire, elle est sûre de pouvoir la joindre avant que Chantal ne parte au travail.

– Si, si, je suis toujours contente, *Monmon*. Les Langlois sont vraiment comme on nous les avait décrits : super sympas. Ils m'ont accueillie en me souhaitant la bienvenue, en me disant de faire comme chez moi, en me laissant m'installer et prendre mes marques tranquillement. Il y avait même un paquet de bonbons sur mon oreiller !

– Comme c'est gentil de leur part ! Et au pôle, comment ça se passe ?

– Les installations sont top, les entraîneurs, le personnel sportif et les autres filles aussi.

Et puis, je fais de la gym tout le temps et encore plus qu'avant, alors c'est cool, explique Mélanie à sa mère.

Malgré ce tableau idéal, elle n'ose pas lui avouer que l'adaptation est dure, et surtout, elle ne veut pas lui donner l'impression qu'elle et Didier ont commis une erreur en la laissant partir si loin d'eux et de ses racines.

– Pourtant, j'entends à ta voix que ça ne va pas si bien que ça, répond Chantal. Je te connais par cœur. Alors, je me trompe ?

– Ben… C'est-à-dire que… vous me manquez, tous, Elsa aussi. Et il fait tellement froid ici, si tu savais. C'est vraiment l'hiver, il a même neigé avant-hier. C'était la première fois que je voyais de la neige en vrai. On a fait des batailles de boules et des bonshommes de neige. On a bien rigolé avec les filles, mais bon… Je n'ai pas l'habitude d'avoir toutes ces couches de vêtements sur moi pour m'entraîner.

– C'est sûr, ma puce, en Martinique, on est en maillot de bain quasiment toute l'année.

C'était prévisible ! Pour Mélanie qui est si attachée au soleil et à la mer, les premiers mois en France sont difficiles. Sa vie déracinée, loin de ses parents, de ses amis, dans la grisaille, n'est pas facile. Elle n'a pas la chance, comme ses camarades, de pouvoir rentrer chez elle le week-end. Elle ne pourra retourner sur son île que tous les six mois. Sa mère, quant à elle, ne la rejoindra qu'une fois par an. Combien de fois pourtant Mélanie a envie de se mettre dans ses bras et de sentir son doux parfum, ou de passer du temps avec ses copines ! En y songeant, tous les jours, Mélanie secoue la tête. Après tout, elle n'est pas la seule dans ce cas-là. Le volleyeur Daryl Bultor, lui, a quitté la Guadeloupe pour rejoindre Bordeaux. Et la karatéka Leïla Heurtault a laissé derrière elle sa Guyane natale. Leurs îles ont beau être loin des yeux, elles ne sont jamais loin du cœur pour tenir la distance.

D'ailleurs, depuis son arrivée, Mélanie a pris le rythme. Pas le choix. Elle s'entraîne dur, entre vingt-cinq et trente heures par semaine. Les lundis, mardis, jeudis et vendredis, elle se lève à 7 heures, prend la navette qui la conduit au collège de 8 heures à 10 heures, gagne le centre pour s'entraîner et déjeuner, retourne en cours jusqu'à 15 heures, puis reprend l'entraînement jusqu'à 18 h 30. Ensuite, c'est l'heure des soins par groupe, dîner et dodo très tôt chez les Langlois. Le mercredi, elle va au collège le matin et s'entraîne tout l'après-midi. Un samedi matin sur deux, elle retrouve encore les agrès.

En cours, elle est dans une classe classique, avec huit autres sportives. Les enseignements sont aménagés ou rattrapés en fonction de ses stages, des compétitions et des entraînements. Par chance, comme toutes ses autres amies sportives, elle a cette qualité de montrer de la rigueur, de la concentration, de la persévérance, du dépassement de soi, de la discipline dans ses devoirs, et la preuve en est : elle réussit aussi bien sportivement que scolairement. D'ailleurs, les directeurs pédagogiques tiennent autant à cette réussite scolaire qu'aux résultats sportifs. Rien ne garantit le succès, et si on mise tout sur sa pratique, on risque de se retrouver dans une sacrée panade en cas d'échec ! L'avenir des athlètes est au centre des préoccupations de tout le staff.

– Mélanie, écoute-moi, poursuit sa mère au téléphone. Tu as raison de ne pas oublier d'où tu viens. Ta famille, tes amis, ton île, c'est ton socle, tes fondations. On en a tous besoin, mais des moments moins bien comme maintenant, il y en aura encore d'autres. Sache qu'ici tout le monde croit en toi, alors courage, c'est juste un petit coup de mou, mais ça va passer. D'ailleurs, j'ai discuté avec Éric et Monique, on a fait un point et ils sont très confiants.

– Tu parles, j'ai l'impression de tout faire de travers, gémit Mélanie, le moral au plus bas.

– Pas du tout, tu es une gymnaste encore débutante, OK, mais c'est aussi pour ça que tu es à Saint-Étienne. Elsa nous avait prévenus, tu as encore beaucoup de choses à apprendre. Cependant, tu possèdes clairement les capacités pour atteindre le haut niveau. Tu es intuitive, pas centrée sur la technique ou la biomécanique. Tu sens avant tout ton corps dans l'espace. Et ça, c'est primordial. Tu es très puissante, ce qui te permet de réaliser des acrobaties de très haut niveau. C'est ce qu'ils m'ont dit. Tes coachs sont ravis de tes performances, alors accroche-toi.

Chantal sait, même à des kilomètres de là, que sa fille saura bientôt transformer son mal du pays en expérience positive. Ça forgera sa personnalité et son caractère et c'est ce qui fera sa force plus tard. Tous pourront s'en féliciter bientôt.

Les paroles aux doux accents créoles de sa mère réchauffent le cœur de Mélanie.

– D'accord. Bon, je dois te laisser, maman. Il faut que je retourne au collège, la navette va m'attendre mais je te rappelle vite. Gros bisous.

– Gros bisous, mon colibri !

Mélanie raccroche et ferme les yeux un instant. Elle pense à la chaleur martiniquaise, à ses promenades sur la plage. Ses sacrifices doivent servir à sa réussite ! Elle prend une profonde inspiration et se lève, regonflée à bloc.

À l'extérieur du pôle France, elle retrouve ses amies : Valentine Pikul, Kim Teulade, Alix Scandella et celle dont elle est la plus proche,

Lorette Charpy. Toutes deux ont leurs places attitrées dans le minibus. Dehors, la neige s'est remise à tomber en continu. Il doit bien y avoir 20 centimètres de poudreuse ! Et de retour au centre, avant l'entraînement et la tombée de la nuit, les cinq copines décident d'aller s'amuser dehors, en justaucorps !

– Brrr… ça caille ! grelotte Alix.

– Mouais, le justo, ce n'est peut-être pas une bonne idée par ce sale temps ! ajoute Kim.

Monique Hagard sort à son tour.

– Mais ça ne va pas, les filles ? Vous allez tomber malades ! les gronde-t-elle gentiment en les voyant vêtues si légèrement.

– Monique, tu peux faire une photo de nous avec ton téléphone ? demande Mélanie. Je voudrais l'envoyer à ma mère et à Didier.

– OK, mais vite alors. Ensuite, vous rentrez *illico presto* ! répond Monique en sortant son portable de sa doudoune.

Les cinq copines s'alignent, s'agrippent les unes aux autres par les épaules et prennent la pose dans le décor enneigé. Valentine et Kim miment les doigts de la victoire. Lorette lève un pouce en l'air, Alix sourit mais grelotte toujours, tandis que Mélanie se déhanche, un bras en l'air et un grand sourire sur le visage.

– Allez, c'est bon, les filles, super photo ! Maintenant, la première arrivée sur un tapis a gagné, leur dit Monique pour les obliger à rentrer le plus rapidement possible.

Le froid est si piquant que les filles ne se font pas prier et regagnent la salle d'entraînement en faisant la course.

– Plus vite, plus vite, Lolo ! crie Mélanie.

– C'est moi, la boss, je vais gagner ! répond Lorette.

Le soir même, Mélanie enverra la photo à ses parents pour les rassurer et leur montrer que, malgré son petit passage à vide, elle s'amuse bien.

Éric l'attend devant les barres asymétriques. Il l'entraîne aussi au sol et au saut, tandis que Monique s'occupe de la poutre et des chorégraphies. Les séances sont toujours aussi rudes, mais encourageantes :

« Étire-toi ! Allez, bien net ! »

« Tiens-toi bien, fais travailler tes mains, c'est ça ! »

« Tranquillement, allez, allez, allez. Continue ! »

« Vas-y, t'as assez de force ! Soigne tes mains. »

« C'est bien, le dos droit ! Pointes de pied ! Bravo ! »

« Balance bien, super ! »

L'effort, sous les yeux bienveillants du couple Hagard, en vaut la chandelle.

Au fur et à mesure, Mélanie retrouve le moral et fait preuve de motivation et de réussite lors des phases de qualifications et de compétitions… Au bout d'un an, ses efforts paient.

– Ah, Nini, je te cherchais ! Éric est en rendez-vous à l'extérieur aujourd'hui, mais il sera de retour en début d'après-midi. Tu pourras venir nous voir à 15 heures, dans le bureau ? lui demande Monique en la croisant dans un couloir.

– Euh oui, d'accord. Qu'est-ce qu'il se passe ?

– On a un truc à te dire, mais je préfère qu'Éric soit là. À tout à l'heure, répond la coach en s'éloignant.

Mélanie a beau avoir retrouvé un peu de confiance en elle, voilà qu'elle se remet à douter.

– Lolo, tu sais quelque chose, toi ? demande-t-elle à Lorette.

– Nope, suis au courant de rien. Mais t'inquiète pas, je suis sûre que tout est OK.

– Peut-être que je n'ai pas le niveau et qu'ils veulent que je parte ? s'inquiète encore Mélanie.

– T'es grave ! Arrête de te faire des films, t'as carrément le niveau. Allez, tu te tortures pour rien, tu verras bien.

À 15 heures, Mélanie patiente devant le bureau jusqu'à ce qu'Éric, de retour de son rendez-vous, l'y fasse entrer.

– Nini, on a une grande nouvelle à t'annoncer !

– Euh… oui, laquelle ? demande la jeune gymnaste d'un ton fébrile.

– Ces derniers mois, tu t'es entraînée dur, tu as énormément progressé. Les mauvais coups ne t'ont pas mise à terre. Tu as bien amélioré le contenu technique des épreuves imposées. Tu as la volonté, le caractère. Ta tête est bien faite et tes résultats scolaires sont top : 15 de moyenne, c'est excellent. En plus, tu as su surmonter l'éloignement avec ta famille et la Martinique. On pense tous les deux que tu as atteint un super niveau et que tu es prête. Bon, je ne te fais pas patienter plus longtemps. Ce matin, au siège de la FFGym à Paris, la commission nationale de sélection a annoncé la composition de l'équipe de France junior pour le championnat national et… tu en fais partie !

– Quoi ? Je vais intégrer l'équipe de France junior ??? Oh non, j'y crois pas ! s'esclaffe Mélanie au comble de la joie et si fière de représenter le drapeau tricolore. Merci, merci, merci !

– Tu le mérites, Mélanie. Le championnat se déroulera à Mouilleron-le-Captif près de La Roche-sur-Yon, en novembre prochain. C'est bientôt. Tu iras avec Lorette et Alix.

– Il faut absolument que j'appelle ma mère pour lui annoncer ça !

6

Gros coup dur

Didier, Chantal et Mélanie sont dans le salon, regroupés devant la télévision. La jeune gymnaste est de retour en Martinique pour Noël et des journalistes locaux ont consacré un reportage à l'étoile de la gymnastique. C'est la première fois qu'elle est médiatisée sur son île.

Sur un plateau baigné d'une lumière bleue, la journaliste annonce :

– Il faudra surveiller sa progression. Mélanie De Jésus Dos Santos n'a que quinze ans, mais elle a déjà un beau palmarès dans sa discipline : la gymnastique artistique. Elle vient de remporter le titre de vice-championne de France junior.

Mélanie se tourne vers ses parents et sourit de fierté. C'est vrai ! Elle a été sacrée vice-championne de France du concours général juste devant son amie Lorette Charpy et derrière Marine Boyer, une graine de championne elle aussi. Cette jolie brune a quitté le pôle Espoir de Meaux pour s'entraîner à l'INSEP avec l'une des idoles de Mélanie : Youna Dufournet. Même si elles ne vivent pas au même endroit, les deux gymnastes se connaissent bien, se croisent régulièrement lors des compétitions et s'apprécient beaucoup.

– Marine est trop forte, mais moi, j'ai eu 14,2 en saut, 13,5 aux barres, 11,7 aux barres et 13,2 au sol ! s'écrie-t-elle en faisant les doigts de la victoire. Comment on a sauté de joie avec Lorette ! Meilleures amies sur le tapis, meilleures amies pour la vie !

À l'écran, la journaliste poursuit :

– Installée depuis trois ans au pôle de Saint-Étienne, la jeune fille est venue se reposer en famille à l'occasion les fêtes de fin d'année et nous l'avons rencontrée.

Le reportage est alors lancé et l'on y voit Mélanie au club de La Trinité, entourée d'Elsa Louis et de ses amies d'enfance avec lesquelles elle s'entraîne dans un beau justaucorps rose fuchsia. Une voix off commente :

– Discrète, presque effacée, et pourtant derrière ce regard d'ange se cache un tempérament explosif ! Mélanie est une battante, et son physique athlétique révèle des heures d'entraînement et dix ans de pratique. Il y a trois ans, elle a quitté la Martinique pour rejoindre la métropole. Cette passionnée a commencé à réaliser son rêve : elle a par exemple participé à ses premières rencontres internationales juniors l'an dernier et est devenue vice-championne de France élite.

Mélanie saute sur le canapé.

– Maman, Didier ! On va voir Yenta, ma copine. Regardez, c'est elle !

Yenta décrit son amie à la journaliste :

– Mélanie est une personne gentille et très modeste. Autre chose : elle est très casse-cou, c'est hyper utile en gym. C'est ça qui lui permet d'évoluer aussi vite en faisant toujours les choses à fond, sans jamais avoir peur.

Une seconde plus tard, Elsa Louis confirme toutes ces qualités :

– Elle a complètement explosé. On était unanimes ici, on a tous pensé dès le départ que Mélanie possédait un vrai talent et qu'on ne pouvait pas passer à côté. Sa progression a été fulgurante !

Sur le canapé, Nini écoute maintenant sa mère interviewée elle aussi :

– Mélanie est de nature positive. Quand je lui demande si ça va, elle est toujours partante pour tout. C'est une très grande courageuse.

La journaliste conclut :

– Elle vise les jeux Olympiques en août 2016 à Rio. C'est LA compétition dont elle rêve, où seule Émilie Le Pennec est parvenue à décrocher une médaille olympique dans l'histoire de la gymnastique artistique féminine française. C'était lors des jeux Olympiques d'Athènes 2004, où elle avait décroché l'or aux barres asymétriques. Mélanie, elle, s'y prépare sereinement en attendant l'avis des médecins.

L'avis des médecins ? Oui, tout sourit à Mélanie, ou presque…

L'été dernier, sélectionnée en équipe de France, et alors qu'elle participe au Festival olympique de la jeunesse européenne en Géorgie, c'est l'accident. Mélanie prend une profonde inspiration et ferme les yeux. Elle se souvient. La température de 25 degrés était idéale dans ce pays de l'est de l'Europe. L'équipe avait atterri quelques jours avant à Tbilissi, la capitale. Lorette et elle avaient même eu le temps de s'échapper le temps d'une demi-journée pour faire un peu de tourisme : longer les rives de la Koura, admirer les balcons en bois de la vieille ville, flâner dans le quartier des bains et sur Rustaveli Avenue ou apercevoir la forteresse Narikala et Kartlis Deda, surnommée aussi « *Mother of Georgia* », une impressionnante statue dominant toute la ville.

– On dirait le Christ Rédempteur de Rio ! avait dit Mélanie.

– Oui, j'y vois un signe en notre faveur pour les jeux Olympiques de l'année prochaine, avait souligné Lorette en prenant son amie par les épaules pour poursuivre leur promenade.

Jusque-là, oui, tout souriait à Mélanie… Jusqu'aux qualifications. Au bout du tapis, la jeune athlète est concentrée. Elle s'échauffe encore un peu et se met en place. Le cheval est dans son viseur. Elle s'élance, prête à réaliser un yurchenko[1] double vrille en sous-rotation, mais en se réceptionnant, c'est l'accident ! Elle retombe mal et se blesse sérieusement. Éric se précipite aussitôt vers elle, tandis que la gymnaste reste immobile sur le tapis. Moment de stupeur. Dans les gradins, c'est le silence complet. Toute l'assistance, apeurée, retient son souffle. Avant d'essayer de comprendre ce qui lui est arrivé et quelle erreur elle a pu commettre, priorité à l'état de santé de Mélanie, qui est alors prise en charge par les kinés et tout le staff médical. Dans sa tête, elle se souvient d'avoir pensé : *Allez, Mél, relève-toi, termine la compétition avec classe. Tu ne vas pas finir sur un échec. Ce n'est pas une malheureuse gamelle de plus qui va te faire renoncer.*

1. Un yurchenko est un élément de gymnastique artistique qui s'effectue au saut de cheval, utilisé pour la première fois par la gymnaste Natalia Yurchenko.

C'est limite si la jeune fille, qui carbure à la fierté, n'est pas en train d'en rire. Et d'ailleurs, sur le coup, elle se relève et marche. Mais rapidement, la douleur s'installe. Le kiné détecte une subluxation de la rotule, qu'il réduit immédiatement. De retour en France, Mélanie passe des examens complémentaires. Et bientôt, le diagnostic est sans appel : elle souffre d'une rupture des ligaments croisés. Une blessure qui doit la tenir éloignée des compétitions et la contraindre au repos pendant de longs mois. À l'annonce de cette blessure grave, elle reste pourtant positive :

– OK, bon, c'est fait, je ne peux pas retourner en arrière. Je vais tout faire pour avancer ! Alors, c'est quoi le programme de convalescence qui m'attend ?

Elle doit d'abord être opérée du genou à Lyon. Chantal et Didier ont pris le premier vol pour la France et sont à ses côtés pour l'aider à surmonter cette première grosse épreuve de sportive. Mais le temps passe lentement pour Mélanie, le bon stress et l'adrénaline de la compétition lui manquent. Pourtant, elle en a vu d'autres tomber avant elle et la jeune fille sait que c'est nécessaire. Après son opération, elle se rend tous les jours à la rééducation et elle est très entourée par les kinés, les entraîneurs, ses amies gymnastes, celles du pôle de Saint-Étienne ou d'autres pôles, et bien sûr par sa famille. Cinq mois plus tard, elle a le feu vert pour rentrer en Martinique et c'est là-bas qu'elle reprend peu à peu l'entraînement. D'abord, la marche. Sur la plage, elle fait de longues promenades avec sa mère ou Didier, puis elle reprend les barres asymétriques, surveillée de près par Elsa Louis.

– Tu te souviens que tu repars demain, Mélanie ? Tu as fait ta valise ? demande soudain Chantal.

Presque assoupie, Mélanie sort de sa longue rêverie et des souvenirs de ces derniers mois. Elle est partagée entre la tristesse de quitter bientôt la Martinique et la joie de retrouver Éric, Monique, Lorette et toutes ses amies du pôle Saint-Étienne et d'ailleurs.

– OK, j'y vais, répond la jeune fille en s'extirpant du canapé.

Même si elle connaît sa fille et son caractère flamboyant, Chantal s'inquiète. Elle ne va pas pouvoir l'accompagner. Mélanie va devoir gérer seule ses rendez-vous avec le chirurgien et la suite de sa rééducation.

Dans le vol qui la ramène en métropole, Mélanie sait ce qui l'attend : se remettre à courir progressivement et travailler le renforcement musculaire avant de pouvoir reprendre l'entraînement sur les agrès. Elle espère tellement pouvoir être prête pour les jeux Olympiques de Rio.

Malheureusement, c'est la douche froide ! L'équipe médicale est formelle : interdiction de participer à la moindre compétition. Mél peut dire adieu à son rêve des JO et de Rio.

– *Monmon*, les JO, c'est foutu, annonce-t-elle à sa mère, la mort dans l'âme, au téléphone. Si tu savais comme je suis déçue ! Mais bon, je m'en doutais un peu. La route olympique, c'est pas pour maintenant ! Le staff est catégorique, je ne suis pas prête.

À l'autre bout du fil, Chantal cherche les bons mots pour encourager sa fille et surmonter la déception.

– Allez, ma Nini, oui, c'est une mauvaise nouvelle, mais je sais que tu vas rebondir. Tu es encore jeune, tu as encore beaucoup de choses à apprendre et tu auras de nouvelles chances à saisir.

C'est aussi l'avis de ses entraîneurs.

Ce triste arrêt forcé permettra-t-il à Mélanie de forger son mental, de renforcer sa détermination et d'avoir la ferme envie de revenir ?

7

Mél, le retour !

Après neuf longs mois loin des tapis, Mélanie a enfin le *go* des médecins et du chirurgien pour reprendre l'entraînement et de la compétition ! Et le mois d'avril printanier est aussi là pour rebooster son moral. Dans le train qui l'emmène à Mulhouse, pour le championnat de France, elle trépigne à la perspective d'en découdre bientôt ! Casque sur les oreilles, elle se repasse en boucle les chorégraphies qu'elle a maintes et maintes fois travaillées avec Monique Hagard. Elle fredonne chaque note de musique et, dans sa tête, exécute chaque pas et chaque élément comme un pilote de la patrouille de France répète chaque mouvement de son avion.

Plus tard, sur le tapis, dans un magnifique justaucorps blanc faisant ressortir sa jolie peau mate, elle se sent pousser des ailes sous le regard des juges et les acclamations de ses coéquipières qui crient à tout rompre :

– Alleeeeeez ! Alleeeeeez !

Mélanie n'a rien perdu de son esprit compétitif. Concentrée, le cœur battant, les muscles tendus, son objectif en tête, elle retrouve les agrès avec un immense plaisir. L'adrénaline, les encouragements du public, l'odeur de la sueur… Ça lui avait tellement manqué qu'elle veut faire honneur à sa discipline fétiche. Résultat : elle termine quatrième au concours général, en poutre et au sol.

– J'aurais préféré être première évidemment, mais pour un retour de convalescence, c'est déjà pas mal, dit-elle dans les vestiaires.

Éric lui tape sur l'épaule pour lui réaffirmer son soutien sans faille.

– Le programme des prochains mois est chargé, tu auras bien d'autres occasions d'arriver sur la première marche, Nini.

Accro au podium, la jeune fille n'a pas dit son dernier mot malgré le rythme soutenu des déplacements et des enjeux. Mélanie a presque le sentiment de faire un marathon. Aux quatre coins de l'Europe, elle enchaîne les compétitions et les matchs amicaux, comme le France-Roumanie, où elle prend la première place à la fois par équipes et en individuel, en devançant la Roumaine Larisa Iordache et son amie de Saint-Étienne Louise Vanhille, ou encore à Barcelone : pas de grands enjeux là non plus, mais la jeune gymnaste s'éclate et termine sur la deuxième marche derrière sa concurrente belge Nina Derwael. Ces matchs amicaux, toujours menés dans la bonne humeur avec ses coéquipières, lui permettent de se préparer à l'Élite Gym Massilia auquel elle participe pour la première fois.

Au bout du tapis, les poignets sanglés dans des maniques, le corps couvert de magnésie, cette poudre blanche qui protège les mains et sert à ne pas glisser, elle s'élance, court, bondit sur le trampoline et atterrit sur la poutre. Puis elle enchaîne les pirouettes, les pas chassés, les écarts ou les sauts de chat. Elle aime sentir à nouveau son corps entier être sollicité, pouvoir à nouveau en maîtriser chaque parcelle, se repérer dans l'espace aussi… Malgré la peur, la sensation reste incroyable !

À la sortie du tapis, Éric la prend dans ses bras.

– Ça va ? Pas de douleur au genou ? Tu fais attention, hein ?

– Non, ça va, c'est nickel. J'ai l'impression d'avoir encore parfois un peu de mal à trouver mon équilibre, mais sinon, ça roule.

– On voit bien que ça roule, lui répond Éric, le sourire aux lèvres. Tu as assuré, Nini.

Oui, Mél assure ! Elle a déjà obtenu la médaille d'argent en concours général par équipes et une médaille de bronze en individuel, une quatrième place aux barres et voilà qu'elle obtient une médaille d'or en poutre. À Marseille, elle est en train de devenir un véritable phénomène !

On dit parfois qu'il ne se passe pas grand-chose lors des années qui succèdent aux jeux Olympiques et que ce sont prétendument des années de transition, mais l'équipe de France et Mélanie démontrent le contraire en brillant sur le plan européen et mondial. La déception de ne pas avoir pu participer aux Jeux de Rio n'est bientôt plus qu'un mauvais souvenir.

* * *

De retour au pôle Saint-Étienne, Éric et Monique annoncent à leur pupille que la France, qui a terminé onzième aux jeux Olympiques de Rio, vient d'être invitée à participer à la prestigieuse American Cup à la suite des désistements du Brésil, de la Russie et de l'Italie. Waouh ! C'est une nouvelle énorme ! Ce tournoi fait partie des épreuves de la coupe du monde de gymnastique artistique organisée par la Fédération internationale de gymnastique.

– Et ça veut dire ? demande Mélanie, un peu fébrile, les doigts croisés dans le dos.

– Que tu as été sélectionnée !

– Moi ? Mais c'est un truc de dingue ! s'écrie Mélanie qui se souvient que la dernière Française présente à l'American Cup était Youna Dufournet en 2009, dont elle était la première fan.

À l'époque, Mélanie s'entraînait encore au club de La Trinité et s'endormait le soir devant le poster accroché dans sa chambre, se promettant de devenir un jour comme son idole.

– Je suis trop, trop contente ! Alors, on part quand pour Newark ? Demain ?

Éric et Monique se mettent à rire.

– Alors, le respect, tu l'as. L'estime de soi, c'est bon aussi. La confiance, check ! Mais alors, la patience, on ne peut pas dire que ça fasse partie de tes qualités, Mél ! plaisante Monique.

– OK, OK, j'avoue, faut que je travaille ça aussi, ajoute Mélanie d'un air malicieux.

– C'est en mars prochain, on a encore quelques mois devant nous pour que tu sois encore plus au top, ajoute Éric.

* * *

Six heures d'entraînement par jour et quatre mois plus tard, Mélanie embarque pour les États-Unis, plus précisément pour le New Jersey. Newark n'est qu'à une quinzaine de kilomètres de New York et est même considérée comme faisant partie de sa banlieue. Avec l'accord de ses coachs, Mélanie pourra profiter un peu de la Grosse Pomme[1]. Impossible de passer à côté. Elle veut visiter le Mémorial du 11-Septembre, la statue de la Liberté et monter au sommet de l'Empire State Building. Elle se fait même le plaisir d'une session shopping chez Macy's et Victoria's Secret, ou encore Beacon's Closet, le paradis des fripes, à Brooklyn. Les gratte-ciel à la hauteur démesurée et les lumières de Times Square lui donnent le tournis.

J'aimerais trop que maman et Didier soient là, eux aussi, se dit-elle en levant les yeux vers le sommet de la One World Trade Center, la plus haute tour de New York, les bras chargés de sacs comme dans les séries Netflix qu'elle regarde pour décompresser le soir.

Mais rien ne lui fera perdre de vue son objectif : la compétition. Hors de question de ne pas briller au pays de l'Oncle Sam !

– On va leur montrer de quoi sont faites les Françaises ! plaisante l'athlète.

1. La Grosse Pomme ou *Big Apple* est le surnom donné à la ville de New York.

Et c'est avec succès que Mélanie De Jésus Dos Santos fait son entrée parmi les grands du monde de la gymnastique. Malgré sa blessure encore présente et même si elle est encore novice dans les compétitions internationales, elle représente la France avec brio de l'autre côté de l'Atlantique. Au compteur : pas une chute, la meilleure note en poutre et le bronze au concours général. Que demander de plus ? Elle devient alors la deuxième Française au palmarès de cette compétition, après la médaille d'or obtenue par la Réunionnaise Elvire Teza en 1997, celle qui a donné son nom à la vrille complète en position transversale enchaînée sur un tour d'appui, à la poutre.

Pas le temps de souffler. Un mois et demi plus tard, voilà Mélanie repartie à Cluj-Napoca en Roumanie pour le championnat d'Europe. Elle se qualifie pour deux finales : au concours général et aux barres asymétriques. Elle remporte la médaille de bronze au concours général, dépassant la Russe Elena Eremina lors du dernier agrès grâce à une note de 14,366 au saut de cheval, en réalisant le même yurchenko double vrille sur lequel elle s'était blessée en 2015. Sur l'ensemble des finalistes, elle termine avec la meilleure note à la poutre, la troisième en saut, la quatrième aux barres et la dix-septième au sol. Elle devient la première Française depuis 2005 à remporter une médaille européenne au concours général. Elle améliore alors son meilleur total personnel dans une compétition internationale avec 55,065 points.

Juste avant qu'elle parte, sa mère était venue lui rendre visite et lui avait apporté un poème que Didier avait écrit pour sa pupille :

Des Caraïbes où tu es née
Vers Saint-Étienne tu as volé
L'oiseau des îles, le colibri
Il porte un nom, c'est Mélanie.
Depuis Tartanne ou Fort-de-France
Tu représentes cette élégance
Qui nous ravit en gymnastique.
En rêvant des jeux Olympiques
Tu as tenu toutes tes promesses

Tu cours, tu voles et tu scintilles
C'est pour dompter ta double vrille
Celle-là même qui autrefois
T'a fait souffrir au fond de toi.
L'histoire est celle, en Roumanie
D'un beau match, plein et abouti
Faisant de toi la forgeronne
Battant le bronze comme une championne.
Gentillesse et humilité
Voilà en somme tes qualités
Que je respecte et que je chéris.

Ces quelques mots si gentils lui auraient-ils porté chance ?

Un mois plus tard, au concours général, elle devient championne de France, devançant d'1,4 point Marine Boyer, la tenante du titre, avec un total de 55,450 points. C'est sa première médaille nationale en senior ! Puis, le lendemain, elle obtient une médaille d'argent en finale à la poutre.

Quel palmarès ! Mél tient sa revanche ! Elle est désormais cinquième mondiale !

8

Des étoiles plein les yeux

À l'aéroport Charles-de-Gaulle, Mélanie jette un œil au panneau des départs : « Los Angeles – À l'heure ». Son cœur fait un bond. Le rêve américain est à portée de main. Elle y a déjà goûté un peu lors de l'American Cup, mais c'était un séjour rapide. Là, accompagnées de leurs entraîneurs, Monique et Éric Hagard, cinq gymnastes stéphanoises vont participer à un stage de deux semaines aux États-Unis entre Los Angeles et Las Vegas. Mélanie De Jésus Dos Santos, Juliette Bossu, Louise Vanhille, ainsi que les deux sœurs Charpy, Lorette et Grâce, s'apprêtent à fouler le sol des États-Unis avec un large sourire qui illumine leur visage à toutes. Les noms des plus grandes athlètes de l'histoire de la gymnastique résonnent dans leurs têtes : Olivia Dunne,

Maggie Nichols, Katelyn Ohashi et bien sûr Simone Biles !

Avant de partir, Éric et Monique ont bien insisté sur la chance qui s'offrait à elles.

– Ça va être une expérience incroyable, même inoubliable.

– C'est clair ! J'ai trop de mal à réaliser qu'on va y aller, avait ajouté Grâce.

Après une escale à Londres et une fois débarquées à l'aéroport international de LA, les filles sont aussitôt frappées par la chaleur californienne écrasante de juillet et aussi… l'odeur de steak grillé qui règne dans l'air.

– Miam ! Ça me donne super faim ! Je rêve d'un burger avec plein de bacon et de cheddar fondu qui dégouline ! s'exclame Juliette tandis que le groupe attend le van affrété par le centre d'entraînement.

Ses amies sont du même avis, un petit écart dans leur régime strict ne serait pas de refus.

– Les filles, vous vous rendez compte, c'est un rêve qui se réalise ! ajoute Lorette. J'ai toujours voulu venir ici et maintenant que j'y suis, eh bien… je ne me rends pas compte que j'y suis !

Les filles éclatent de rire.

– Tu veux que je te pince ? propose Mélanie. Je t'assure, on est bien dans la cité des anges. Et on va savourer chaque minute de notre séjour, que ce soit dans les salles de gym ou pendant nos moments de détente.

Le van les conduit aussitôt au centre d'entraînement où les gymnastes américaines leur réservent un accueil très chaleureux. Tout semble si nouveau pour ce petit collectif France !

Dès le lendemain matin, le stage peut commencer, mais il faut gérer la fatigue liée au décalage horaire. Les filles sont réveillées très tôt, et en fin d'après-midi, elles tombent comme des mouches.

– Regardez ! Je dors en marchant, plaisante Lorette en regagnant sa chambre comme un zombie sorti d'un cimetière, les bras en avant.

Par chance, les neuf heures de jetlag sont vite assimilées et les cinq copines prennent le rythme. En revanche, côté chaleur, ce n'est pas la même histoire. Il faut la gérer. La climatisation a beau rendre les entraînements supportables, les agrès sont humides.

– Double couche de magnésie, les filles ! dit Mélanie en frottant ses mains dans la poudre blanche.

– Vous allez voir, on va finir par s'adapter sans même nous en rendre compte, leur assure Monique.

Avec leur mental toujours positif de championne, les gymnastes prennent ça avec humour. Ces conditions seront bénéfiques pour gérer leurs futurs déplacements à l'étranger dans des zones de grandes chaleurs ou dans des pays avec lesquels il y aura un décalage horaire. Elles passent deux jours de rêve à Los Angeles et en profitent aussi pour faire un peu de tourisme. Elles miment les riches Américaines à Beverly Hills et Rodeo Drive, admirent les surfeurs à Venice Beach, pointent du doigt le mont Lee où se dressent les lettres « Hollywood », et rêvent de posséder un jour leur propre étoile sur le Hollywood Walk of Fame.

– C'est dingue, on dirait qu'il n'y a pas une seule étoile en hommage à la gymnastique, remarque Louise.

– Même pas à Nadia Comăneci ? questionne Grâce, étonnée.

– Je crois que c'est à vous d'écrire l'histoire ! encourage Éric en riant.

Cela n'empêche pas les filles de se prendre en photo sur les étoiles des plus grandes stars : Steven Spielberg, Michael Jackson, Mohamed Ali ou encore Marilyn Monroe et de faire mille selfies devant le Dolby Theatre.

– Allez, c'est l'heure, on rentre, dit Éric. On n'est pas vraiment en vacances. Il nous reste encore trois heures d'entraînement et demain, direction Vegas.

Après deux jours de rêve passés à Los Angeles, le stage doit en effet se poursuivre à Las Vegas, l'autre ville qui ne dort jamais. Les quatre heures de route qui les séparent de cette ville démesurée leur réservent de belles surprises. À peine ont-ils quitté la grande banlieue de Los Angeles qu'ils se retrouvent en plein désert et empruntent même un morceau de la légendaire route 66. Un stop rapide à Calico, la célèbre ville fantôme dans le désert de Mojave, s'avère obligatoire.

– Tout est resté comme autrefois, murmure Mélanie, ébahie.

– On se croirait dans un western, ajoute Juliette.

Sous un immense panneau routier aux lettres blanches peintes sur fond vert, les cinq gymnastes en short et crop tops posent devant l'appareil photo de Monique. Elles ne sont plus qu'à une centaine de kilomètres de Las Vegas.

– Regardez : la tour Eiffel ! s'écrie Louise tandis que leur van traverse maintenant l'avenue principale de Las Vegas.

– Le Caesars Palace !

– Et là, le Bellagio !

– Le Luxor et sa pyramide de ouf !

Les filles ont les yeux qui pétillent en regardant défiler tous ces grands hôtels et ces casinos qui n'étaient jusque-là que des images de cartes postales ou de séries TV.

Sur place, elles sont logées dans une villa sublime avec piscine. Le rêve américain se poursuit. Mélanie, Lorette et Grâce, Juliette et Louise ont à peine déballé leurs sacs qu'elles doivent prendre la direction de la salle d'entraînement où tout est différent par rapport à celles du pôle Saint-Étienne. Tout est plus grand, plus impressionnant. Dans ce pays, la gymnastique est reine, et le système américain leur offre une autre vision de leur discipline fétiche. Dans les salles, même les plus petites, les espaces sont optimisés dans les moindres recoins. Tout le monde s'entraîne tout le temps. Même les gymnastes les moins talentueuses, les moins titrées et les moins célèbres essaient de faire de leur mieux sans aucun jugement, sous les regards des grandes stars dont les portraits en photo habillent les murs du gymnase.

– Les filles, regardez ! Il y a des fosses à cubes ! s'exclame Mélanie qui ne peut s'empêcher de faire un saut de cheval pour atterrir dans la fosse remplie de cubes en mousse qui amortissent sa réception. C'est trop bien ! Venez essayer !

Soudain, son regard se porte sur l'une des affiches au mur.

– C'est Maile O'Keefe, la favorite, la *queen* !

– Salut les filles ! Enchantée et bienvenue à Las Vegas ! interrompt en anglais une gymnaste qui saute d'une poutre pour s'avancer vers Mélanie et ses amies.

Elle essuie la magnésie dont ses mains sont couvertes, puis elle est aussitôt rejointe par d'autres. Toutes les bombardent de questions :

– Vous restez combien de temps ?

– Ça vous dit qu'on s'entraîne ensemble ?

– On pourra s'échanger des conseils. Si vous voulez, on peut vous montrer nos figures, vous nous montrez ce que vous savez faire, et on peut se donner des conseils ?

– Euh... *Yes, we can*, répond Mélanie, dont le vocabulaire anglais est encore très limité.

Dans un bon esprit, tout le monde se met à rire. Ici aussi, l'accueil des athlètes américaines est très chaleureux. C'est parti pour plusieurs heures d'entraînement quotidien ensemble !

– Alors, les filles, que pensez-vous de ce stage ? demande Monique, un soir, alors que tout le groupe est réuni pour débriefer chez Denny's autour du fameux burger tant réclamé.

– Je trouve que c'est vraiment génial de s'entraîner comme ça, répond Grâce.

– Carrément ! Vous avez vu ce matin, quand Mélanie a fait un nouvel élément ? Toute la salle a couru vers elle pour la féliciter et l'applaudir ! J'aime trop cette ambiance, ajoute Lorette.

– J'adore aussi, approuve Mélanie. Imaginez qu'un jour on s'installe aux US pour de bon et qu'on s'entraîne avec Simone Biles ? Ce serait trop une dinguerie !

– Ah d'accord… Vous nous laisseriez tomber comme des vieilles chaussettes ? demande Éric en riant.

– Ha, ha ! J'avoue, je kifferais aussi, répond Louise qui connaît une petite baisse de forme ces derniers temps.

– C'est ce que je vous souhaite, répond Éric, plus sérieusement. Louise, justement, toi qui n'étais pas trop dans ton assiette ces derniers temps, qu'est-ce que tu penses de ce stage ?

– Je dois dire que, déjà, les vacances dans ma famille m'avaient fait beaucoup de bien, ça m'a permis de me reposer et de me ressourcer, mais ce stage me rebooste carrément. Faire une coupure, changer de salle, de matériel, d'agrès, d'environnement, c'est hyper appréciable.

– Je suis bien d'accord, enchaîne Juliette. Ça nous oblige à sortir de notre zone de confort pour nous adapter rapidement.

– En effet, c'est une qualité primordiale chez une gymnaste. Même si les conditions d'entraînement sont parfois particulières, c'est très enrichissant à vivre.

Le groupe, plus soudé que jamais, profite de sa présence sur le sol américain pour faire la connaissance en vrai de Maile O'Keefe, mais également de la médaillée mondiale MyKayla Skinner, et poser en photo sous le célèbre panneau lumineux « *Welcome to Las Vegas* ».

Malheureusement, toutes les bonnes choses ont une fin… Et après quinze jours de travail et de rêve, il est déjà temps de rentrer pour retrouver l'entraînement dans les salles de Saint-Étienne. Mais cette expérience a changé les jeunes filles, cette aventure américaine incroyable les a fait grandir aussi bien personnellement et humainement, en rencontrant des personnes formidables, que dans leur parcours de gymnastes de haut niveau. Elles n'auraient jamais imaginé vivre autant de choses en si peu de temps.

Désormais, place à la préparation du test de sélection qui se déroulera en août à l'INSEP en vue des internationaux de Paris à Bercy et du championnat du monde à Montréal. La saison s'annonce sous les meilleurs auspices.

En attendant, au pôle Saint-Étienne, est affichée une photo inédite : Juliette, Grâce, Louise, Lorette et Mélanie aux côtés de Maile O'Keefe, toutes habillées de justaucorps jaune fluo sur lesquels sont inscrits en lettres noires les mots « *Make it right!* »

9

La course aux médailles

Depuis son retour, Mélanie se sent au top de sa forme et enchaîne les coups d'éclat. Au pôle Saint-Étienne, elle s'entraîne dur pour les internationaux et le championnat du monde. Et la moisson des médailles au palais omnisports de Paris-Bercy donne confiance à l'équipe de France : pas moins de six récompenses chez les garçons et les filles, parmi les cent quatre-vingt-quinze gymnastes présents. Devant une salle comble, c'est d'abord Samir Aït Saïd, faisant son grand retour après une grave blessure, qui montre le chemin avec l'argent aux anneaux. Mélanie prend ensuite le relais chez les filles ; aux barres asymétriques, elle maîtrise le mouvement parfaitement et sort en s'accordant elle aussi la médaille d'argent. Sa coéquipière Marine Boyer n'est pas en reste, puisqu'elle repart avec l'argent à la poutre, son agrès préféré qui lui avait donné la quatrième place aux jeux Olympiques de Rio. Au saut de cheval, c'est Coline Devillard qui remporte l'or. Chez les garçons encore, Cyril Tommasone rafle l'argent aux arçons et Axel Augis va chercher le bronze aux barres parallèles.

Interviewées à la sortie, Mélanie et Marine sont unanimes.

– Malgré quelques déséquilibres, c'est une bonne préparation pour le championnat du monde, explique Marine au journaliste. J'ai obtenu une jolie médaille et je suis satisfaite d'être restée sur la poutre. Avec une telle ambiance, ce public qui t'emporte, c'est magique ! Je n'avais jamais ressenti cela auparavant. Franchement, je n'ai pas de mots pour décrire cette sensation. Mais c'est aussi difficile de garder sa concentration. À Montréal, je vise les qualifications et pourquoi pas l'accès au podium.

– Et vous, Mélanie ? enchaîne le journaliste.

– Je me suis vraiment fait plaisir aujourd'hui, commente la gymnaste. Je suis contente de mon passage aux barres, mais un peu déçue par mon sol. J'espère être dans le top 5 lors du championnat du monde. C'est dans un peu plus d'une semaine. Sinon, l'ambiance était géniale ! C'était la folie et j'ai été portée par le public. Je n'avais pas l'impression d'être en compétition : je me suis éclatée !

La jeune fille a une pensée pour ses parents qui, depuis la Martinique, suivent ses exploits à travers un écran. Tandis que la foule acclame encore les gymnastes, dans les vestiaires, les filles font des dabs et se félicitent sous le regard bienveillant d'Éric.

– Bravo, ma Nini ! s'écrie Lorette qui participe aussi aux internationaux.

– Hey, *congrats* aussi, ma Lolo ! répond Mélanie.

– Bah ! J'ai pas eu de médaille, moi. Sans cette chute à la sortie, ça aurait été tellement mieux !

– OK, mais t'as pris une belle cinquième place aux barres. C'est canon pour ta première finale senior !

– Pas faux, répond Lorette en riant.

– Les filles, je confirme : vous êtes prêtes pour Montréal, leur dit Éric.

Mélanie en rêve déjà : briller dans le Stade olympique, hôte des Jeux de 1976, dont la reine, Nadia Comăneci, était la porte-parole. À ce championnat du monde, elle voudrait terminer dans les cinq premières au concours général. Lors des qualifications, elle se classe quatrième, devancée par la Japonaise Mai Murakami, l'Américaine Ragan Smith et la Canadienne Ellie Black.

– Ça va le faire, Nini ! l'encourage Éric qui n'est jamais très loin de sa jeune pupille. On croit tous en toi !

Tandis que la foule scande désormais les lettres « MDJDS », Mélanie atteint son objectif en terminant à la cinquième place en finale. Au micro, le commentateur s'époumone :

– Mélanie De Jésus Dos Santos devient la troisième Française à réaliser une telle performance mondiale au concours général après Émilie Le Pennec en 2005 et Youna Dufournet en 2009 ! Quelle ascension fulgurante ! Une ascension à l'image de son explosivité sur les tapis et les agrès !

Mélanie a le sourire jusqu'aux oreilles. Si on avait pu lui prédire ce destin quand elle s'entraînait encore au club de La Trinité et admirait les posters de ses idoles dans sa chambre ! Mais elle n'est pas au bout de ses surprises. À peine a-t-elle posé ses valises au pôle Saint-Étienne et retrouvé les salles d'entraînement qu'elle remarque une nouvelle affiche sur un mur.

– Mais… Mais… Mais, c'est moi, là ! s'exclame-t-elle.

– Évidemment, c'est toi ! lui répond Lorette. Tu ne savais pas ? Tu as été choisie comme tête d'affiche par les organisateurs de l'Élite Gym Massilia, en novembre.

– J'adore ! C'est trop beau ! s'exclame Mélanie.

Sur l'affiche, elle apparaît en premier plan et à l'arrière-plan dans un justaucorps tricolore, les cheveux comme toujours noués en chignon haut et le regard déterminé.

– Mais c'est gênant aussi d'être autant mise en avant… ajoute la gymnaste.

– Arrête, t'es trop modeste ! T'es une star, Nini ! Et moi, je suis hyper fière d'être ta BFF ! Allez hop ! On s'entraîne.

En cette fin d'année, Mélanie commence à trépigner d'envie de rentrer sur son île pour les fêtes et de retrouver sa famille. Mais il y a encore quelques compétitions qui l'attendent : l'Élite Gym Massilia et Toyota au Japon. Quand elle sera en Martinique, elle compte bien pouvoir souffler. Elle a déjà prévu des parties de pêche au gros avec Didier, cuisiner et aller au marché de Fort-de-France avec sa mère pour se régaler de pommes-lianes, rendre visite à sa mamie Abelle et faire du surf avec ses copines. Prendre des forces et ralentir le rythme avant de retourner aux entraînements est essentiel, car pour cette athlète de haut niveau qui enchaîne les compétitions et parcourt désormais les quatre coins du monde, le temps file à la vitesse d'une étoile.

* * *

À peine a-t-elle la possibilité de souffler que 2018 est déjà là avec la coupe du monde, à Doha, au Qatar, en mars, puis à Tokyo le mois suivant, et le championnat de France en mai. Elle y décroche successivement le bronze aux barres et l'or à la poutre, puis le bronze au concours général et enfin trois médailles d'or, en conservant son titre au concours général et en s'imposant aux barres et au sol.

Mais le plus gros objectif de 2018 est maintenant le championnat d'Europe à Glasgow, en Écosse, au mois d'août. Et justement, les Françaises brillent lors du championnat. Dès le premier jour, elles prennent la première place des qualifications par équipes, profitant de trois chutes des favorites russes. Elles obtiennent ensuite la médaille d'argent lors de la finale, derrière les Russes et devant les Néerlandaises. Avec un total de 161,131 points, elles réalisent le meilleur résultat de l'histoire de la gymnastique française. Forte de ce nouveau titre de vice-championne d'Europe, Mélanie rayonne plus que jamais. Elle accède aux finales du sol et de la poutre, respectivement en deuxième et sixième positions lors des qualifications. Si elle termine au pied du podium de la finale en poutre où elle perd l'équilibre et commet des erreurs, elle ne se laisse pas démonter. Ce n'est pas là qu'elle attend une médaille. C'est au sol qu'elle veut en découdre et elle est la dernière à passer. Le stress est à son comble, mais elle réussit un enchaînement superbe malgré quelques erreurs à la réception et surclasse toutes ses concurrentes. Elle remporte le titre avec un total de 13,766 points. À l'annonce du résultat, elle n'en croit pas ses oreilles :

– Tu te rends compte, Éric ? J'espérais bien monter sur le podium, car cette finale me semblait accessible, mais je n'imaginais pas devenir championne d'Europe ! J'ai eu l'impression d'avoir fait plein de fautes, je ne m'y attendais pas du tout ! Je n'ai jamais été aussi heureuse !

– Tu l'as mérité ! Tout était parfait, tu as su présenter un bon mouvement au sol. Tu as tellement travaillé pour revenir après ta blessure au genou. Aujourd'hui, tes efforts sont récompensés. Et crois-moi, on va savourer cette médaille.

Il faut dire que l'exploit est historique : Mélanie vient de devenir troisième Française championne d'Europe à cet agrès, après Ludivine Furnon en 2000 et Isabelle Severino en 2005 alors qu'elle-même faisait ses tout premiers pas en gymnastique. C'est le premier grand titre de sa carrière. Sur la première marche du podium, Mélanie, émue aux larmes par ce sacre européen, enlace et félicite Denisa Golgotă de Roumanie qui a obtenu l'argent et Axelle Klinckaert, qui représente la Belgique et qui a remporté le bronze, avant de saluer le public. Puis elle envoie un clin d'œil à Marine Boyer qui l'applaudit à tout rompre, elle-même médaillée d'argent à la poutre. Le drapeau tricolore posé comme une cape sur ses épaules, Mélanie serre fort sa médaille et croque même dedans !

Dix jours plus tard, elle est de retour en Martinique. Les succès permettent désormais à la jeune athlète de rentrer plus souvent. Ces séjours lui redonnent de l'énergie, auprès de sa famille et au soleil ! Sur le plateau de la chaîne de télé Martinique La 1re, la jeune fille se prête à une interview pour le journal de 19 heures. Toujours modeste et timide, mais souriante, elle revient avec plaisir sur ses derniers exploits.

– Que visez-vous, Mélanie ?

– Le championnat du monde à Doha à l'automne prochain, mais j'ai le temps de me concentrer et de me préparer.

– Et qu'est-ce qui vous motive ?

– Eh bien... remporter une nouvelle médaille !

– Vous avez aujourd'hui dix-huit ans, mais vous avez accepté de nombreux sacrifices pour pratiquer cette discipline, et ce depuis votre plus jeune âge. Comment est-ce que vous le vivez ?

– C'était difficile au début, mais la gym prend tant de place dans ma vie que je n'ai pas vraiment le temps de réfléchir à autre chose.

– Quelle est la gymnaste qui vous inspire aujourd'hui ?

– Sans hésitation, Simone Biles, c'est une icône, c'est la meilleure mondiale !

– Il me semble que vous devenez une sorte d'icône, vous aussi. Est-ce que ça vous donne envie de continuer à écrire l'histoire de la gymnastique ?

– Ça me donne surtout envie de faire toujours de mon mieux, d'être toujours présente et de me dépasser.

Le journaliste invite ensuite Mélanie à montrer les trois médailles gagnées par la délégation française à Glasgow qu'elle a apportées sur le plateau. Elle ne manque pas de citer sa coéquipière, Marine Boyer.

– Ma préférée, c'est la médaille d'argent par équipes, c'est celle qu'on attendait le plus toutes ensemble.

– On vous souhaite donc bonne chance pour le championnat du monde à Doha et un bon séjour chez vous !

10

Magique et improbable

Malheureusement, cette fois, Doha n'a pas été à la hauteur des espérances de Mélanie, elle a terminé sixième du championnat du monde. Grosse déception sur le moment ! Mais aujourd'hui, c'est un nouveau départ. À croire que la championne ne se laisse jamais abattre. Au pôle Saint-Étienne, elle se prépare à nouveau et assidûment au championnat d'Europe qui va se dérouler à Szczecin, en Pologne. Si elle est excitée à l'idée de remettre son titre en jeu, elle compte bien ajouter d'autres médailles à sa collection ! Lorette, Juliette et d'autres s'entraînent tout aussi dur. L'esprit d'équipe ne les quitte pas et on ne peut plus les arrêter.

– Allez, Nini ! s'écrie Lorette tandis que son amie se balance aux barres asymétriques.

Mélanie enchaîne les éléments sur les barres inférieure et supérieure : renversement, tour cavalier, appuis, culbutes… sous les regards toujours aussi exigeants de ses coachs.

– Attention à ton balancement, ponctue Éric Hagard. Hop et suspension ! Bien… et arrivée sur les pieds. Super !

Mélanie écoute tout en s'exécutant, puis elle recommence sans cesse jusqu'à ce que ce soit parfait.

– Pieds-mains rattraper barre supérieure avec demi-tour, répète Éric. Oui ! Saut écart par-dessus la barre inférieure, rattraper barre supérieure… Oui !

Soudain, les barres se mettent à trembler. À peine Mélanie a-t-elle le temps de sentir que quelque chose ne tourne pas rond que les câbles de sécurité assurant la stabilité de l'agrès lâchent. Puis la poulie s'arrache dans un bruit assourdissant. Mélanie perd l'équilibre et chute.

– Aïe ! s'écrie-t-elle en se réceptionnant mal et en se tenant immédiatement la main gauche.

– Ça va ? se précipite Éric.

– Aïe, non ! Pas vraiment. Je crois que je me suis blessée à l'annulaire.

Elle est aussitôt conduite auprès du staff médical. Même si elle est solide, la pauvre hurle de douleur quand on lui touche le doigt. Éric est inquiet pour elle, et cette méchante blessure toute bête compromet sa participation au championnat d'Europe au printemps prochain. Tout ça les renvoie à la blessure au genou de Mélanie quelques années plus tôt. Il suffit parfois d'un rien pour ralentir une carrière… voire l'arrêter.

– Je crains qu'une opération soit nécessaire, assène le chirurgien à l'hôpital.

Opération ? Oh non ! Ça veut dire immobilisation, convalescence, rééducation, mise en stand-by des entraînements pendant des mois. C'est une perspective qui ne réjouit pas du tout Mélanie.

– Il doit bien y avoir une autre solution.

Avec elle, Éric et Monique décident d'aller consulter un autre médecin et de prendre un deuxième avis. Mélanie repasse des radios.

– Je ne suis pas du même avis que mon confrère, annonce le second chirurgien. En lisant les images, tout porte à croire que la cicatrisation est en cours et se fait naturellement.

– Ça ne m'étonne pas, j'ai déjà moins mal qu'il y a quelques semaines, avoue la gymnaste.

– Il faut donc voir comment ça évolue. Je préconise tout de même du repos et de la patience, le temps que le corps fasse son travail jusqu'au bout.

Mélanie acquiesce. Elle est soulagée à l'idée d'éviter l'opération et prête à se soumettre aux quelques semaines d'attente afin que son doigt se consolide. De retour au pôle, elle discute avec Éric et Monique :

– Je connais bien mon corps et je me sens prête à m'entraîner sans risque et sans pression non plus.

– Bon, OK, mais il va falloir nous écouter. Si ça s'aggrave, tu pourras dire adieu à la Pologne. Alors, fais ce que tu sais faire de mieux en te ménageant. On va miser sur la poutre et le sol que tu vas préparer afin de conserver ton titre européen au sol. Ça sollicitera moins ta main gauche. On va aussi travailler le reste, mais on ne fait pas de plan sur la comète, OK ?

– OK, promis, je vais me soigner et faire attention à me reposer.

– Tu es d'accord aussi, Monique ?

– Bien sûr ! J'ai confiance en Mélanie.

Compétitrice, persévérante et surtout perfectionniste dans l'âme, Mélanie soigne sa préparation. Pourtant, sa sélection pour la Pologne est toujours incertaine. Qu'à cela ne tienne, la jeune fille s'entraîne encore et encore, et se remet vite. Elle est déterminée à s'aligner sur les deux agrès, le sol et la poutre. Le championnat approche, mais elle n'a toujours pas le feu vert pour y aller.

– J'en peux plus d'attendre, c'est interminable… Du coup, je le sens mal, confie-t-elle à Lorette. Tout ça pour un doigt cassé… C'est nul.

– Allez, Nini, ça ne te ressemble pas d'être pessimiste. Faut y croire !

Éric aussi ne cesse de lui répéter d'y croire et qu'elle est la meilleure, mais à un peu plus de deux semaines de l'événement, elle préfère s'attendre au pire jusqu'au jour où…

– Mélanie, ça y est ! L'encadrement de l'équipe de France vient de valider ta participation pour la Pologne !

Waouh ! Mélanie ne tient plus en place. C'est la fête dans sa tête, comme elle aime le chantonner. Et le retour de la cheffe de file de la gymnastique est miraculeux ! Elle parvient à se qualifier pour quatre finales : concours général, sol, poutre et barres. Le lendemain, elle est sacrée championne d'Europe du concours général, devenant la deuxième Française à décrocher ce titre. Elle est aussi la seule Française à obtenir une deuxième médaille d'or dans cette compétition. Puis elle remporte une nouvelle médaille européenne, en argent, lors de la finale de la poutre.

Mais, au moment de son passage en finale au sol, elle accumule quelques pénalités.

Zut, j'ai dépassé la limite du praticable, se dit-elle. *Je dois réagir tout de suite, il est hors de question de céder mon titre. Je veux le garder ! Allez, Mél ! C'est le sol, ton agrès préféré.*

Lâche-toi, éclate-toi. Réussis tes accros, mais pense aussi à danser comme tu sais faire !

Et cette décision paie. En ajoutant même un tour à son pivot accroupi pour compenser, elle conserve son titre sur cet agrès un an après son sacre à Glasgow et devient, avec trois médailles d'or, la Française la plus titrée au championnat d'Europe, femmes et hommes confondus, ainsi que la première de son pays à remporter trois médailles et deux titres lors d'une même édition. Ni une, ni deux, Lorette, également alignée sur cette finale du concours général, Marine et Coline lui tombent dans les bras. Les larmes de joie, l'intensité du moment, la pression qui redescend et les sourires qui fusent… Quelle émotion inoubliable !

– Merci, les filles ! Vous êtes ma deuxième famille ! Je suis tellement heureuse que vous soyez là et qu'on partage ça ensemble !

Plus en retrait, Éric et Monique Hagard savourent également cet instant. Ils n'ont qu'un regard à échanger pour penser à l'unisson : *Nous avons tant de respect et d'admiration pour Mélanie !*

En se repassant, l'espace de quelques secondes, tout le chemin parcouru et les obstacles qu'il a fallu franchir pour en arriver là, ils ne peuvent qu'être fiers, eux aussi.

Et dire que quelques semaines plus tôt Mélanie ne devait même pas présenter les quatre agrès, qu'à peine deux semaines avant, elle reprenait tout juste l'entraînement aux barres ! Décidément, elle a ce talent qui lui permet de déjouer tous les pronostics, d'être là où on ne l'attend pas. Quelle *remontada* incroyable ! La magie MDJDS, tout simplement.

La réussite appelle la réussite et Mélanie vise une médaille aux Mondiaux, dans six mois, en Allemagne, à Stuttgart.

– Mon objectif là-bas, ça va être de chatouiller Simone Biles, je vais aller l'embêter un peu ! clame-t-elle, l'esprit déjà tourné vers cette compétition qui va la qualifier pour les jeux Olympiques de Tokyo.

* * *

– L'épidémie de Covid-19 est devenue une réalité, immédiate, pressante. Nous sommes en guerre, en guerre sanitaire…

Toutes les athlètes et leur staff sont réunis devant un écran de télévision où le président de la République vient de déclarer un confinement général tout en détaillant gestes barrières et autres consignes sanitaires. Mélanie a vingt ans et tout le pays s'immobilise pendant des semaines. La place Jean-Jaurès à Saint-Étienne est déserte, la Cité du design devient fantôme, le stade Geoffroy-Guichard attend désespérément que les supporters reviennent, et au pôle s'annonce une saison blanche. Les entraînements sont arrêtés et les compétitions, compromises. Le championnat d'Europe est annulé, alors que l'équipe de France était prête pour faire un résultat chez elle, à Paris. Tokyo 2020 est reporté. C'est la surprise, c'est difficile à croire. Il faut encaisser. Mélanie choisit de se confiner dans un gîte à Marlhes avec Lorette et deux autres gymnastes du pôle : Aline Friess et Alizée Letrange-Mouakit. Leurs possibilités de s'entraîner sont alors elles aussi limitées à deux séances par jour avec les moyens du bord : préparation physique générale, running, abdominaux… Elles poursuivent aussi leurs cours à distance. Elles gardent le lien avec leurs coachs pour les programmes de musculation et, avec les filles du pôle ou de l'équipe de France, elles s'envoient des snaps. Sinon, elles lisent, elles dessinent des « justos » ou elles font des chorégraphies sur TikTok.

La déception et la baisse de moral gagnent peu à peu le petit groupe.

– Allez, les filles, motive Mélanie toujours de nature positive et joviale. Ouais, c'est frustrant. Les JO reportés, c'est le seum. On les attendait depuis longtemps, mais ça va nous permettre de gagner du temps dans notre préparation. On en ressortira plus grandes, plus ambitieuses, et on va rafler toutes les médailles aux Jeux et aux prochaines autres échéances !

– OK, madame Irma, répond Lorette en éclatant de rire. Si tu le dis. C'est parti pour cinquante pompes.

Un an plus tard, tandis que Mélanie remporte le titre de championne d'Europe à la poutre à Bâle, en Suisse, la pandémie n'est plus qu'un mauvais souvenir. Elle obtient ainsi son quatrième titre européen. C'est un record pour une Française !

L'été 2021, la voici désormais aux portes de l'empire du Soleil levant…

11

Le rêve américain

La victoire était à portée de main mais… rien n'a vraiment joué en faveur de Mélanie. Il faut l'avouer, cette fois, les jeux Olympiques de Tokyo étaient très étranges… Déjà reportés, situation inédite, ils se sont tenus sans spectateurs. Au dernier moment, le relais de la flamme a été interdit sur les ultimes étapes et elle est arrivée dans un stade vide. Les mascottes Miraitowa et Someity, d'inspiration manga, ont bien peiné à trouver leur public. L'ambiance n'était pas à la fête dans ce contexte où la pandémie, avec son variant Delta, reprenait de plus belle. Mélanie non plus n'a pas éprouvé beaucoup de plaisir pendant ces JO. Pourtant, elle les voulait tellement, surtout après avoir manqué ceux de Rio, cinq ans auparavant. Puis ceux-là, décalés d'un an. Cet objectif, elle l'a tellement anticipé et préparé, mais aussi vu s'éloigner à chaque fois. Elle était impatiente ! Annoncée comme l'une des principales chances françaises de la gymnastique artistique, elle était persuadée de pouvoir monter sur le podium et elle s'est mis une grosse pression. Elle s'est alignée dans plusieurs disciplines, certes, mais a terminé onzième du concours général et sixième aux barres asymétriques. Et encore, elle n'était que réserviste ! Si Simone Biles n'avait pas déclaré forfait, elle n'aurait pas disputé la finale. Elle a enchaîné les erreurs et les déséquilibres, résultat : ses performances ont été en dessous de ses espérances.

– T'exagères, Nini, ce sont des résultats très honorables pour une gymnaste de vingt-et-un ans qui participe à ses premiers jeux Olympiques, l'avait réconfortée Éric.

Mais ces mots n'avaient pas suffi à remonter le moral de la championne, et Mélanie a eu du mal à encaisser.

– Laisse tomber, je suis déçue. Je sais très bien que je pouvais mieux faire. J'avais bossé tellement dur.

– Ça arrive souvent aux athlètes, après des Jeux. Est-ce que tu peux identifier les causes de ce sentiment de faiblesse ? questionne Monique.

– Le trac. C'est la première fois de ma vie que je me suis sentie aussi stressée. C'était nouveau. On attendait beaucoup de l'équipe, et de moi. Je n'ai pas su gérer. C'est ce qui a foiré mes Jeux. Mais tu me connais, je ne vais pas en rester là.

Pourtant, après les JO de Tokyo, Mélanie traverse une mauvaise passe et cogite sur son avenir :

– Je crois que je vais me mettre en retrait des compétitions, j'ai besoin de faire le point, de prendre du recul. J'ai vraiment l'impression d'être nulle ces derniers temps.

Le couple Hagard le sait, leur gymnaste vedette traverse une vraie crise de confiance. Depuis Tokyo, les semaines et les mois se succèdent, monotones, voire décourageants. Éric et Monique doivent se soumettre à sa décision. Ils n'ont pas d'autres choix que de laisser leur petit oiseau tranquille. C'est elle qui décide, après tout.

Et son état d'esprit du moment finit par arriver aux oreilles de Simone Biles. Toutes les deux se sont rencontrées pour la première fois lors d'un stage à Houston, il y a quelques années. Le feeling est tout de suite passé entre les deux athlètes. Puis elles se sont maintes fois croisées lors de compétitions internationales. Mélanie lui voue une admiration sans bornes. Alors quelle n'est pas sa surprise, un matin, de découvrir un mail de son idole, quadruple championne olympique !

Hi *Mélanie,* this is *Simone Biles... Je voudrais t'inviter à participer à ma tournée de galas* Gold Over America Tour. *Pendant deux mois, on va parcourir trente-cinq villes des États-Unis. Pas de pression, ce n'est pas de la compétition, c'est du pur show 100 % féminin pour inspirer les futures générations d'athlètes ! Il y aura Ellie Black, Jade Carey, Katelyn Ohashi et plein d'autres ! J'espère vraiment pouvoir compter sur toi, ce serait* really cool *!*

La jeune fille ouvre de grands yeux pleins d'espoir devant son écran. Son regard s'illumine enfin. Cette proposition tombe à pic ! Mélanie le devine, c'est l'occasion idéale de lâcher prise, de retrouver le plaisir de pratiquer la gym, de danser et de s'amuser avec le public sans prise de tête ! Et puis, retourner aux USA, un pays dont elle garde un tellement bon souvenir depuis ses stages là-bas – d'abord à Los Angeles et Las Vegas, puis à Houston –, ce serait trop génial ! Elle rêve déjà d'autres villes comme Cleveland, Detroit, Sacramento, Philadelphie. À l'idée de ce départ, elle n'a aucune hésitation. Et puis, avec Simone Biles, elles se comprennent. La superstar a elle aussi connu bien des difficultés ces derniers mois. Elle a souffert d'une « perte de figures », un mal qui ne touche que les gymnastes et acrobates. C'est un état psychologique dangereux qui fait perdre tous ses moyens dans les airs et peut entraîner une blessure grave. En gros, elle ne savait plus faire de vrilles. Sur l'agrès, elle se sentait soudain pétrifiée en essayant de faire un mouvement, et son esprit et son corps n'étaient plus synchronisés. C'est pour cela qu'elle a dû déclarer forfait à Tokyo. On a beau être au sommet de la gloire, on n'est jamais à l'abri d'une traversée du désert. Mélanie a suivi les soucis de son idole sur les réseaux et dans la presse. Sa franchise l'a impressionnée, tout comme le monde sportif qui lui a témoigné son soutien. Et pour Mélanie, désormais, son axe prioritaire est de travailler la confiance en soi et son mental. Parce que sans le mental, le physique ne sert pas à grand-chose.

En songeant à cette proposition, elle repense à un conte que lui racontait sa grand-mère, mamie Abelle, quand elle était petite. Il s'appelle *Mi chatt la*. Il raconte l'histoire d'un chat qui revient toujours vers ses maîtres même quand ils le chassent à coups de balai. Ce chat est persévérant, obstiné, même !

Moi aussi, je suis obstinée et ce mail de Simone, c'est un signe ! Je dois faire un break si je ne veux pas devoir envisager d'autres solutions ou décider de mettre un terme à ma carrière…

Et quand elle en fait part à ses coachs, ils ne peuvent qu'encourager leur prodige.

– C'est une belle opportunité, tu as raison d'y aller, lui dit Éric. Et tant pis pour le championnat du monde d'octobre.

– Je suis bien d'accord aussi, renchérit Monique. Ce sera une nouvelle aventure, tout aussi enrichissante, mais bien différente de ton quotidien habituel ici, au pôle.

– Et qui sait ? Peut-être qu'à ton retour tu y verras plus clair et que... tu auras envie d'aller t'installer là-bas.

– Aux États-Unis ? Hum... Euh... OK, tu lis dans mes pensées, Éric. Oui, j'y pense depuis un moment, j'avoue, mais je ne savais pas trop comment vous en parler.

– Arrête, c'est normal ! Ça fait dix ans que tu es ici. Tu te souviens de ta première rencontre avec Simone, à Houston ? Déjà, à ce moment-là, ça t'avait fait beaucoup de bien de te mesurer à elle, d'être encouragée et challengée par la diva de la gym. C'était le but de ce stage ! Simone a des atouts, mais toi aussi, tu en as. Et elle t'avait déjà dit à ce moment-là que tu étais une grande compétitrice. Aujourd'hui, tu es arrivée à un tournant. Tu sais, plus on veut quelque chose et moins on l'obtient. Je pense que tu dois te concentrer sur les moyens d'y parvenir, pas sur l'objectif. Alors, vis le moment présent, entraîne-toi dur et travaille ta force mentale, forge-toi un esprit de gagnante. Le *Gold Over America Tour* est peut-être le seul moyen d'y parvenir.

– Oui, c'est vrai. Je vous adore, vous le savez, mais j'ai envie de changer de lieu et de découvrir un autre style d'entraînement. La gym ne va pas durer toute ma vie. Si je n'en profite pas maintenant, je risque de me réveiller un matin en me disant que j'ai tout raté et que c'est trop tard. Cette expérience va beaucoup m'apporter, dans mon sport, mais aussi dans ma vie. Je vais être dans un pays étranger, je vais apprendre l'anglais… Il va falloir que je m'adapte. Mais je le sens, c'est ça qu'il me faut !

Éric et Monique ont raison : un tournant dans la carrière de Mélanie est en train de se dessiner.

Ils ne se font pas d'illusions, ils devinent qu'à l'issue de sa participation au *Gold Over America Tour*, aux côtés de Simone Biles, Mélanie n'aura plus envie de rentrer. La gym à l'américaine, c'est autre chose, les Américains adorent cette discipline, le public est galvanisant et c'est pour elle la possibilité de se préparer autrement pour les prochains jeux Olympiques à Paris, en 2024.

Allez, Mél, lance-toi, et tu verras bien, se dit la championne.

* * *

Pendant la tournée, Simone Biles lui annonce une grande nouvelle :

– Tu sais, Mél, j'ai pris une décision : je vais mettre ma carrière entre parenthèses. Mais toi, tu es jeune, pourquoi tu ne viendrais pas t'entraîner chez moi, à Houston, avec mes coachs Cécile et Laurent ? Ils sont français en plus ! Ils habitent ici depuis 2003 et m'entraînent depuis 2017. Ils ont aussi suivi Alicia Sacramone et Mattie Larson avant moi. Ce sont des habitués du monde du haut niveau. Ils me poussent dans mes limites, plus que ce que je ne ferais moi-même. Ils sont top ! Alors, ça t'intéresserait ?

– Sérieusement ? Tu crois vraiment que c'est possible ?

– Écoute, oui, considère ma proposition sérieusement, aussi sérieusement que je te la fais. Pèse le pour et le contre. Parles-en avec tes coachs de Saint-Étienne, ta famille aussi, c'est important, mais tu es la bienvenue à Houston !

Mélanie, qui a déjà longuement réfléchi à cette possibilité, connaît déjà sa réponse.

* * *

La rumeur ne tarde pas à se répandre. De retour en France pour un peu de remise en forme et de réathlétisation à l'INSEP, Mélanie officialise son départ un mercredi sur les réseaux de la Fédération française de gymnastique.

J'ai une grande nouvelle à vous annoncer : je m'apprête à partir m'entraîner aux États-Unis, au World Champions Centre, à Houston, au Texas. Je suis prête, il me reste quelques papiers et mes bagages, et puis voilà ! Mon projet, c'est la prépa olympique 2024. Mais pas d'inquiétude, je reviendrai pour des stages et des compétitions organisés avec le collectif tricolore. Je voulais remercier toutes les personnes qui m'envoient des messages de soutien super sympas. Je ne peux pas répondre à tout le monde mais ça me fait vraiment plaisir. Je voulais aussi remercier mes coachs Éric et Monique Hagard. Ils ont toujours été là pour moi, ainsi que ma famille d'accueil. Ici, à Saint-Étienne, et malgré sa discrétion, elle m'a toujours considérée comme sa propre fille et s'enthousiasmait toujours pour moi lors des compétitions. Depuis que j'ai douze ans, toutes ces personnes ont été ma seconde famille. C'est grâce à elles que je suis aussi épanouie dans la vie que je mène, merci du fond du cœur.

12

À nous deux, Paris 2024 !

Ce renouveau a tout changé ! La gym à l'américaine, c'est vrai, c'est autre chose ! Depuis sa participation au *Gold Over America Tour* et son installation aux États-Unis, Mélanie a repris goût à la gymnastique. Malgré la nostalgie des années passées avec Éric et Monique Hagard au pôle de Saint-Étienne, elle a pris vraiment conscience de l'amour qu'elle portait à ce sport et a retrouvé le chemin des entraînements avec encore plus de motivation qu'avant, au World Champions Centre, aux côtés de la talentueuse Simone Biles et de ses nouveaux coachs, Cécile et Laurent. Mais selon sa volonté, son retour à la compétition est limité. Elle veut profiter de l'énergie et de la dose de rêve que lui apporte Simone. L'icône est en plus très modeste, elle sait rester elle-même. Elle adore les Françaises et avoir la chance de pouvoir rivaliser avec Mélanie. Au-delà des barrières de la langue, elles ont construit une vraie amitié. Le *bad mood* de Tokyo, le ras-le-bol de la gym sont déjà loin. De ce retour à zéro, Mélanie en tire un unique objectif : sa nouvelle préparation olympique, et ça commence chaque matin à 5 heures !

Si je m'écoutais, je resterais bien au lit ! pense-t-elle face au miroir en essayant de discipliner ses cheveux bouclés, puis de les nouer avec un élastique.

Dans son appartement américain, elle enfile son survêtement, prend son sac et ses clés de voiture avant d'emprunter une grande et large route droite, sa playlist à fond : « Viser la lune, ça n'me fait pas peur ! » chante Amel Bent dans l'habitacle. Loin de ses repères français de Saint-Étienne ou de la Martinique, Mélanie est en route pour le rêve américain et ce tube pourrait être son hymne.

Arrivée au World Champions Centre, Mélanie se change et retrouve ses nouveaux entraîneurs qu'elle salue. La salle grouille de gymnastes.

Les coachs sont très occupés et ne peuvent pas être là pour tout le monde. Mélanie sait qu'elle doit désormais être encore plus autonome qu'avant. Dans son justaucorps rose fuchsia, elle n'attend pas qu'on lui donne des instructions, elle s'élance directement aux barres asymétriques. La jeune fille, vive de caractère et désormais plus mature, apprécie cette nouvelle façon de travailler et de ne pas avoir sans arrêt quelqu'un derrière son dos pour lui dire ce qu'elle doit faire et combien de fois elle doit le faire.

– C'est ta gym, Mél ! C'est pas la mienne, c'est pas celle de Laurent, lui avait expliqué Cécile dès son arrivée. Nous, on est là pour t'aider le plus possible. Mais tu vas apprendre à gérer entièrement, qu'on soit là ou pas. Ici, c'est un autre regard, une autre mentalité, une façon différente d'appréhender le sport, tu verras.

Dans la salle, Laurent passe devant les barres.

– Finis bien ton pieds-mains, Mélanie. C'est bien, mais il faut que tu voles encore plus au-dessus de la barre. N'essaie pas d'être parfaite.

Mélanie est physiquement prête, mais elle doit encore travailler son mental. Il lui faut apprendre à gérer son stress, canaliser son énergie et prendre confiance en elle. Pourtant, elle sait qu'elle va y arriver et qu'elle sera plus forte pour la suite.

Après son entraînement, elle retrouve Jordan Chiles. Elle aussi fait partie de la crème de la crème en gymnastique : elle a été médaillée d'argent par équipes à Tokyo. Toutes deux décident d'aller boire un café frappé au caramel au Starbucks et commandent un donut en plus. Jordan est aussi une vraie source d'inspiration pour Mélanie. Au début, la Française se débrouillait en s'exprimant par gestes et en baragouinant quelques mots, mais grâce à des cours particuliers, elle progresse à toute vitesse en anglais. Par conséquent, elle s'intègre de plus en plus et les autres gymnastes la considèrent presque comme un membre de l'équipe américaine. Même si Mélanie est encore un peu réservée, elle plaisante beaucoup avec les autres filles.

* * *

Dans ce contexte qui lui redonne le sourire, les résultats ne se font pas attendre. Si elle fait tout pour se donner les moyens de briller aux jeux Olympiques de Paris, elle veut d'abord s'amuser et aborder les compétitions avec plus de légèreté. De retour dans son pays, la championne réintègre l'équipe nationale et enchaîne Internationaux et championnats de France, d'Europe et du monde. En avril 2023, au championnat de France, elle remporte l'or aux barres avec un total de 14,350 points, et le bronze à la poutre avec 13,200 points.

En août, elle est la première Française à participer en tant qu'invitée à l'US Classic et termine avec le deuxième meilleur total du concours général. Juste derrière sa célèbre coéquipière d'entraînement, Simone !

En octobre, de nouveau en Europe, Mélanie revient en équipe nationale à l'occasion du championnat du monde qui se déroule à Anvers, en Belgique. Par équipes, la France se classe en septième position lors des qualifications, ce qui permet de valider par la même occasion la participation de Mélanie aux jeux Olympiques de Paris 2024. La jeune fille est aux anges et saute de joie ! Puis, avec ses coéquipières, elle remporte la médaille de bronze en finale. Elles sont les seules à n'avoir commis aucune erreur et devancent les Chinoises, les Italiennes et les Britanniques, prétendantes importantes au podium. Cette troisième place est historique : c'est seulement la deuxième médaille d'une équipe féminine française au championnat du monde depuis celle en argent en 1950 ! Ça remonte loin ! La gymnaste se qualifie également pour la finale du concours général individuel et signe cette fois une compétition à la hauteur des attentes sur les quatre agrès.

Avant son départ, elle est contactée par une grande marque de luxe.

Chère Mélanie,

Partenaire des jeux Olympiques de Paris 2024, nous sommes admiratifs de votre parcours et serions honorés que vous deveniez notre égérie pour notre prochaine campagne. Vous êtes une source d'inspiration pour de nombreuses générations, etc.

C'est Mélanie qui se sent honorée. Être accompagnée par cette belle maison de couture, de parfumerie et de joaillerie qu'elle aime depuis toujours, quelle fierté ! Et puis, même si elle n'aime pas être mise en avant, c'est une occasion unique de pouvoir donner une belle image de la gymnastique, cette discipline si exigeante. Elle accepte sur-le-champ. Il ne lui reste plus qu'à écrire le texte de sa campagne et du spot qui sera tourné dès son prochain passage en Europe.

* * *

Mais de retour de l'autre côté de l'Atlantique, Mélanie est victime d'un nouveau coup de blues. Malgré l'amitié forte des gymnastes américaines, ses coéquipières françaises lui manquent terriblement. Pour se changer les idées, elle décide d'aller faire une promenade sur la plage, à Galveston, le berceau de Barry White.

Elle adore ce coin qui borde le golfe du Mexique. Le centre est jalonné de jolies maisons victoriennes et les plages sont immenses. L'eau l'apaise et lui rappelle son île, la Martinique.

Soudain, son téléphone se met à sonner. C'est Marine qui lui envoie un SMS : « Avec Coline, on débarque pour un stage à Spring dans une semaine. Prépare-toi, *sista* ! »

Mélanie n'en croit pas ses yeux. Spring est au Texas, à peine à trente minutes de Houston !

« Quoi ? Nan, mais j'y crois pas. C'est trop bien, les filles. J'ai super hâte ! »

C'est exactement ce dont elle avait besoin : être entourée de ses meilleures amies. Car Marine Boyer et Coline Devillard sont bien plus que des coéquipières ! Les filles sont nées la même année, en 2000, elles ont grandi ensemble, elles ont galéré ensemble, gagné et perdu ensemble. Elles sont les aînées du collectif, et même surnommées « l'ossature de l'équipe nationale ».

– Quoi, ce serait nous, la colonne vertébrale ? Ben, elle a une sacrée scoliose, alors ! plaisante Coline quand on lui dit ça.

Le sourire jusqu'aux oreilles, Mélanie écrit dans le sable « M + C + M = <3 » et s'empresse de rentrer au centre d'entraînement. Elle est tellement heureuse, elle sent déjà que la semaine qui la sépare de l'arrivée de ses amies va lui sembler interminable. Mais bientôt, à l'aéroport, le trio se sert dans les bras.

– *Welcome*, les filles ! leur dit Mélanie. Si vous saviez comme je vous attendais !

– Nous aussi, on n'en pouvait plus ! répond Marine.

Au fond de son cœur, Mélanie devine que ces dix jours vont passer trop vite, alors hors de question de ne pas en profiter ! Même si, une fois de plus, les stages ne sont jamais des vacances.

Le trio, soudé par la gymnastique, rejoint le World Champions Centre. Elles s'entraînent, mais elles font aussi un peu de tourisme et se régalent lors de leur visite au centre spatial de la NASA.

– Allô, Houston, est-ce que vous me recevez ? s'amuse à dire Coline tout en imitant une influenceuse célèbre.

Elles chantent, elles dansent, elles font les boutiques, et un jour, sur un coup de tête, elles décident même de se faire tatouer ensemble, sur l'avant-bras. Allongées sur un tapis de gymnastique, vêtues d'un tee-shirt aux couleurs tricolores, elles admirent leur tatouage qui représente un aigle.

– Un oiseau royal, un prédateur puissant et le lien de notre amitié ! s'amuse à préciser Coline.

– C'est un peu le symbole d'ici, parce que... même si on est françaises, on n'allait quand même pas se faire tatouer une poule ! ajoute Mélanie en explosant de rire.

Puis la jeune gymnaste redevient plus sérieuse :

– Ce n'est pas dans mes habitudes de le dire, les filles, mais on forme une vraie famille, c'est beau, je trouve, non ?

– C'est clair ! Il n'y a jamais eu de jalousie entre nous. On est toujours heureuses pour l'autre. C'est chelou, mais c'est comme si on décrochait une médaille aussi ! répond Coline.

– Carrément ! En fait, je crois qu'à la limite on peut ressentir de l'envie quand l'une de nous fait un podium, mais on le vit plus comme une porte qu'elle ouvre. Elle montre la voie et prouve que c'est possible, souligne encore Mélanie.

– Mouais, c'est tellement fort de partager les mêmes émotions, dit Marine. Et maintenant, on va faire les Jeux ensemble, les filles ! Sans pression, mais n'oubliez pas, c'est ça qui guide notre motivation !

– Ouiiii ! À Paris, ça va être incroyable ! termine Mélanie.

À quelques mois de la cérémonie d'ouverture et du début des épreuves, la quadruple championne d'Europe songe à sa mère, à Didier, au reste de sa famille, à Elsa Louis, à ses amies de La Trinité et au chemin parcouru. Ces pensées l'inspirent alors pour la prochaine campagne de la maison de haute couture dont elle est l'égérie pour les Jeux :

Pour me rapprocher de mes rêves, il m'a fallu faire un long voyage, quitter ma famille pour nourrir une ambition, quitter l'endroit où je suis née pour inventer de nouveaux horizons. Une seule destination possible : la conquête de mes rêves ! Je me suis entraînée, je me suis imposée, j'ai aussi vu mes espoirs s'effondrer. Mais dans la vie, il n'y a pas de petites victoires. Pas à pas, mouvement après mouvement, j'ai façonné mon rêve et donné corps à mon désir de liberté. Après avoir fait le tour du monde, je sais que Paris sera le théâtre de mes ambitions.

Table des matières

TROIS DESTINS D'EXCEPTION, TROIS COURSES AU PODIUM !

VICTOR WEMBANYAMA
Numéro un !

MÉLANIE DE JESUS DOS SANTOS
Le flip de la victoire

LÉON MARCHAND
Top chrono !

Le Club Michel Lafon

Mise en pages
PRESS·PROD

Imprimé en Espagne
Dépôt légal : mai 2024
ISBN : 978-27499-5812-5
LAF 3489